LE RECENSEMENT CANADIEN DE 1891

SES INEXACTITUDES ET SES ALTÉRATIONS au point de vue français

PAR

E. RAMEAU DE SAINT-PÈRE

PRÉSIDENT HONORAIRE DE LA SOCIÉTÉ SAINT-JEAN-BAPTISTE (CANADA)

EXTRAIT DE LA REVUE FRANÇAISE

PARIS
IMPRIMERIE ET LIBRAIRIE CENTRALES DES CHEMINS DE FER
IMPRIMERIE CHAIX
SOCIÉTÉ ANONYME AU CAPITAL DE CINQ MILLIONS
Rue Bergère, 20
1894

LE RECENSEMENT CANADIEN DE 1891

SES INEXACTITUDES ET SES ALTÉRATIONS au point de vue français

PAR

E. RAMEAU DE SAINT-PÈRE

PRÉSIDENT HONORAIRE DE LA SOCIÉTÉ SAINT-JEAN-BAPTISTE (CANADA)

EXTRAIT
DE LA
REVUE FRANÇAISE

PARIS
IMPRIMERIE ET LIBRAIRIE CENTRALES DES CHEMINS DE FER
IMPRIMERIE CHAIX
SOCIÉTÉ ANONYME AU CAPITAL DE CINQ MILLIONS
Rue Bergère, 20
1894

LE

RECENSEMENT CANADIEN

DE 1891

SES INEXACTITUDES ET SES ALTÉRATIONS

AU POINT DE VUE FRANÇAIS

Le recensement de l'Amérique anglaise se renouvelle tous les dix ans, et l'on vient de publier intégralement celui de 1891. Ce recensement présente dans son ensemble une physionomie peu satisfaisante. Malgré les 200.000 immigrants qui ont afflué depuis dix ans dans les nouvelles provinces récemment ouvertes à la colonisation, vers le Nord-Ouest; l'Amérique anglaise, durant cette période, n'a pas vu croître l'ensemble de sa population de 12 0/0; et si l'on isole les vieilles provinces des nouvelles, la progression des provinces maritimes de l'Ontario, de Québec, etc., est restée inférieure à 8 0/0.

RECENSEMENTS DE LA CONFÉDÉRATION CANADIENNE EN 1881 ET 1891

1881. — Population.

Provinces	Totale	Catholique	Française
Nouvelle-Écosse. . . .	440.572	117.487	40.997
Nouveau-Brunswick . .	321.233	109.091	56.572
Ile Prince Édouard . .	108.891	47.115	10.736
Québec.	1.359.027	1.170.718	1.071.581
Ontario.	1.923.228	320.839	101.194
Manitoba	65.954	12.246	9.868
Territoires du N.-O. .	56.446	4.443	2.633
Colombie	49.459	10.043	916
TOTAUX.	4.324.810	1.791.982	1.294.304

1891. — Population.

Provinces	Totale	Catholique	Française
—	—	—	—
Nouvelle-Écosse	450.523	122.452	29.838
Nouveau Brunswick. .	321.294	115.961	61.767
Ile Prince Édouard . .	109.088	47.837	11.847
Québec	1.488.586	1.291.969	1.196.346
Ontario.	2.112.989	358.300	101.123
Manitoba	154.442	20.571	11.102
Territoires du N.-O. .	99.722	13.008	1.543
Colombie	92.767	20.367	1.181
Totaux.	4.829.411	1.990.465	1.414.747

Si nous étudions le dernier recensement du Canada à un point de vue spécialement français et canadien, nous remarquons que c'est particulièrement le développement de la population anglaise qui est resté en souffrance. Les Canadiens-Français ont conservé presque intacte la quotité de leur progression ordinaire, à savoir de 12 à 13 0/0 tous les dix ans; tandis que la progression de la population anglo-saxonne est tombée tout à coup, en moyenne, au-dessous de 9 0/0; de sorte que l'Ontario, qui s'accroissait habituellement de 18 à 20 0/0 dans le même laps de temps, a vu diminuer sa croissance de moitié.

Les Canadiens, cependant, ont continué à fournir aux États-Unis un contingent d'émigrants considérable, trop considérable malheureusement; mais la plus-value de leur natalité l'emporte encore sur les pertes que l'émigration leur a fait subir; tandis que chez les Anglo-Saxons, dont la natalité est plus faible, la progression s'altère et vient même à disparaître à mesure que l'immigration européenne fléchit parmi eux (1).

Nous donnons (p. 58) l'exposé général de la population du vaste Dominion de l'Amérique anglaise, et en particulier l'état de la population franco-canadienne répandue dans ses diverses provinces. Mais, en parcourant les chiffres officiels du dernier recensement, les gens les plus compétents en cette matière n'ont pas été très satisfaits de la manière dont les documents ont été recueillis et disposés; le compilateur du recensement convient lui-même qu'il est insuffisant; plusieurs critiques n'ont pas craint de le dire inexact; et de nombreuses réclamations se sont déjà fait jour à ce sujet. Nous nous proposons donc d'examiner ici :

(1) Voir Reclus. *Nouvelles géographiques*, janvier 1893, p. 4. (Hachette, éditeur).

1° Quelle a été l'origine des griefs et des plaintes qui se sont élevés contre l'exactitude du Census de 1891;

2° Quel motif a pu pousser le nouveau chef du recensement, M. Johnson, à fausser la collection et la compilation des chiffres recueillis; et quel ingénieux mécanisme ledit Johnson a su introduire dans la confection des statistiques, afin de pouvoir plus facilement les manœuvrer à son gré;

3° Nous dresserons enfin, province par province, l'état des altérations qui ont pu être commises; nous déterminerons alors les rectifications qui nous paraîtront justes, et nous préciserons autant que possible le chiffre de leur importance.

Lorsque l'on étudie avec soin le tableau comparatif que nous avons transcrit ci-dessus, on est étonné parfois de trouver dans certaines provinces des déficits notables, dans la progression de quelques groupes français, voire même des déperditions subites que rien ne pouvait faire prévoir. Ainsi, dans le dernier recensement, la population française de la Nouvelle-Ecosse se trouve tout à coup diminuée d'un quart. Dans la province d'Ontario, la surprise est non moindre. Le très grand nombre de familles canadiennes qui ont été s'établir au delà des frontières d'Ontario, est un fait très notoire et très souvent même discuté par les journaux; c'est à peine cependant, si on trouve la trace de cette immigration dans le recensement; dans les territoires nouvellement ouverts au Nord-Ouest, on remarque des anomalies non moins extraordinaires, etc.

Telles ont été les causes et le point de départ des réclamations qui ont été présentées, soit au Parlement, soit dans les journaux, par plusieurs personnages importants.

L'honorable M. J. Tassé, membre du Parlement, est le premier qui ait pris cette cause en main il y a environ un an; il a prononcé à la Chambre plusieurs discours qui ont été publiés et pris en grande considération.

Cette discussion a mis en lumière avec beaucoup de netteté et de verve, l'impéritie du nouveau recenseur en chef, M. Johnson, ses erreurs souvent ridicules, et ses manœuvres qui sont probablement coupables. « Nous avons lu, disait M. Tassé, une boutade fort spirituelle sur ce recensement dans un journal. voire même un journal anglais de la cité d'Ottawa, qui se terminait ainsi : *Nous sommes vraiment très flattés de voir annoncer officiellement, par notre statisticien, que les Français loin de croître en nombre dans notre province, y diminuent, au contraire; mais nous sommes en même temps très stupéfaits! car chacun d'entre nous avait cru précisément observer les choses tout à l'inverse. Cependant, il est encore à craindre que ce recenseur ne soit qu'un statisticien de comédie, que l'on a pris à gage pour nous amuser, plutôt que pour nous instruire.* »

D'autre part, Onésime Reclus, qui de Paris même, suit avec tant de sollicitude les développements de la population française en Amérique, se trouva, lui aussi, ému par le désordre et la malveillance du recensement de 1891, à l'égard de nos compatriotes; il publia donc en janvier dernier, dans les *Nouvelles Géographiques*, deux articles fort étudiés et d'un style très vif, dans lesquels il prouve avec une grande érudition, que l'on a ainsi enlevé aux Canadiens, pour les reporter sur le contingent anglais, plus de 50.000 âmes; savoir : 30.000 dans la province d'Ontario; 11.000 dans la Nouvelle-Écosse; 2.500 dans le Nouveau-Brunswick; 7.186 dans le Manitoba et 2.943 dans les Territoires du Nord-Ouest.

Dans ces relevés statistiques, Reclus a suivi avec soin le rapport de M. Tassé, et ce remarquable travail lui a été d'un grand secours pour établir clairement les fraudes considérables qui ont été commises au détriment des Canadiens dans Ontario et dans le Manitoba. En même temps, notre ami a fourni de son chef des détails du plus grand intérêt sur les colonies que les Canadiens ont installées dans les territoires de l'ouest, de concert avec de nombreux groupes venus directement de France, par les soins et sous la direction de l'abbé Biron et de M. Bodard; ce dernier, qui est un Français très intelligent et très actif, établi et marié au Canada depuis plus de 20 ans, patronne avec un grand dévouement cette immigration française, dans les riches alluvions de l'ouest, avec une patiente énergie que rien n'a pu lasser.

Il convient maintenant d'expliquer comment M. Johnson en est arrivé à fausser ainsi le recensement, et quelles sont les manœuvres auxquelles il a eu recours pour parvenir à son but.

Il est nécessaire d'avertir tout d'abord le lecteur que, depuis plus d'un demi-siècle, les recensements canadiens dirigés soit par le gouvernement anglais, soit par l'administration anglo-saxonne du pays, ont toujours été marqués au coin de l'impartialité la plus honnête et de la plus grande exactitude; on présentait aux habitants des formules divisées en deux colonnes: l'une portait *origine anglaise*, l'autre *origine française*; chacun choisissait sa colonne sans qu'on cherchât à l'influencer. Mais M. Johnson y substitua la rubrique suivante: *Canadian-speaking French* ou *not speaking*.

L'application de ce changement en révéla bientôt les inconvénients: Les énumérateurs, en effet, en interrogeant les Canadiens sous une forme plus ou moins ambiguë, parvenaient souvent à les faire passer dans le contingent anglais; de même pour les Canadiens émigrés temporairement aux Etats-Unis; si leur maison était fermée, on les rayait du contrôle, ainsi que leur famille, sans s'inquiéter de savoir s'ils avaient ou non l'intention de retour. On réduisait ainsi le nombre des Canadiens par une action double: ceux qui étaient présents étaient victimes de leur propre déclaration, et ceux qui étaient absents étaient rayés de la liste canadienne, faute de déclaration. En un mot, le recensement, qui dépendait autrefois de la volonté du recensé, dépendait maintenant de l'arbitraire du recenseur. Ce dernier pouvait avoir plusieurs procédés pour diriger en quelque façon la réponse du recensé; souvent il se contentait de lui demander: *Speak you English?* il suffisait de répondre affirmativement pour être inscrit comme Anglais. S'il était né hors du Canada, on en faisait aisément un Yankee, etc.

Mais le soupçon ne tarda point à naître dans les esprits; on remarqua que dans la province de Québec, où la population est presque exclusivement française, elle avait très peu subi de déperdition; de même dans la province mixte du Nouveau-Brunswick, où les Français, qui sont tous agglomérés dans le nord, forcèrent les recenseurs à être à peu près exacts.

Beaucoup de gens pensèrent donc que ces nouvelles méthodes de recensement, n'étaient qu'un piège tendu aux Canadiens partout où ils n'étaient point assez nombreux pour se prémunir et se défendre; cela, du reste, se voit de suite lorsque l'on fait l'analyse détaillée du dernier recensement, comparé avec ceux qui l'ont précédé: presque partout on ne constate de déperdition notable de Canadiens, que dans les comtés où ils se trouvent en petit nombre ou dans quelque endroit où ils ne sont point en vue.

Quel pouvait être le but de M. Johnson en cherchant ainsi à se ménager le moyen d'influencer les déclarations de nationalité? Je ne crois pas que ni le gouvernement anglais, ni le gouvernement canadien aient trempé en aucune façon dans cette manœuvre; tout au plus aurait-on pu trouver çà et là quelques agents subalternes, sectaires passionnés, qui auraient combiné quelques machinations avec le chef du recensement, qui paraît doué lui-même d'une intelligence assez médiocre. Mais voici ce que l'on peut présumer : M. Johnson aura vu dès le principe que le recensement se présentait mal; que l'affaiblissement énorme de l'immigration européenne allait diminuer au delà de toute mesure, la progression ordinaire des Anglo-Canadiens, tandis que les Canadiens-Français, qui n'avaient rien à espérer ni à craindre de cette absence d'immigration, conservaient intégralement la quotité de leur augmentation ordinaire. Dans cet état de choses, faire passer un grand nombre de Canadiens sous la rubrique anglo-saxonne, c'était du même coup réduire le nombre des Français, accroître celui des Anglais, et dissimuler ainsi, au moins sur le papier, le fâcheux effet de la décroissance qui commençait à menacer ses compatriotes.

C'est, je le pense, sous l'empire de ces préoccupations et persuadé qu'en cela il serait agréable au commun de ses nationaux, que l'agent du recensement prit ses mesures afin d'agir le plus efficacement possible sur la classification du recensement.

Malheureusement pour lui, cette manœuvre fut déjouée dès le principe ; en certains endroits, notamment dans le Nouveau-Brunswick, la méfiance se répandit et suscita les réclamations de MM. Tassé, Reclus et de plusieurs autres, de telle façon qu'il nous semble nécessaire aujourd'hui : de mettre en ordre ces réclamations diverses, de présenter dans chaque province les altérations et les déperditions, qui ont été le résultat de ce mauvais recensement, et de rétablir enfin autant que possible la réalité des chiffres et des statistiques, en procédant méthodiquement, comté par comté, aux rectifications nécessaires.

Il était impossible sans doute d'obtenir ici, sans refondre le recensement en entier, une précision exacte et minutieuse dans les chiffres; mais nous nous sommes entourés de renseignements nombreux, et en consultant avec le plus grand soin les réclamations déjà produites, nous espérons pouvoir restaurer, au moins dans ses plus grands traits, la réalité des faits qui, par des évaluations arbitraires, a trop souvent été outrageusement défigurée.

NOUVELLE-ÉCOSSE

Nous commencerons cette étude par la Nouvelle-Ecosse, province où la population française a été proportionnellement plus atteinte que dans toute autre, par les réductions et les éliminations officielles. Les Acadiens y figuraient dans le recensement de 1881 pour 40.997 âmes, or en 1891 M. Johnson n'en retrouve que 29.838! Quelles ont été les causes d'une déperdition si extraordinaire? Que sont devenus ces 11.000 Franco-Acadiens que M. Johnson raye d'un trait de plume?

Lorsqu'il fut inquiété à ce sujet par M. Tassé, il répondit sans s'émouvoir : que la Nouvelle-Ecosse avait été cruellement décimée en 1882 par une épidémie diphtérique; — que les rivages si redoutables de cette contrée avaient subi, en 1884, des tempêtes multipliées qui avaient englouti une foule de marins acadiens; — enfin, que l'émigration causée par ces désastres maritimes, aggravés par une rareté subite survenue parmi les poissons, avait singulièrement réduit les familles de ces marins!

M. Reclus n'a pas eu de peine à lui démontrer que ces trois fléaux n'avaient point agi exceptionnellement sur les Acadiens! Les épidémies, les ouragans, la rareté du poisson ont dû affliger, sur ces côtes si rudes, les marins anglais, aussi bien que les marins français. — L'émigration vers les États-Unis, nous le savons par une longue expérience, sévit plus encore sur les familles anglo-saxonnes que parmi les Acadiens. — Si ces derniers enfin avaient perdu 11.000 âmes par de telles causes, les *néo-Écossais*, qui sont dix à onze fois plus nombreux, auraient dû perdre plus de cent mille âmes! Bien loin de là cependant; ces circonstances fâcheuses pour les Français, ont été sans doute favorables pour d'autres, car par une chance inattendue, la population de la presqu'île s'est accrue, dans son ensemble, de 10.120 âmes; rencontre de chiffres similaires, dont on fit bénéficier les Anglo-Saxons, et que l'on aime à croire fortuite.

« Non, dit M. Reclus, ces raisons ne présentent que de vaines excuses, ce sont de ces arguments puérils que débitent les sophistes, quand ils ont quelque chose à cacher, ou qu'ils désirent parler pour ne rien dire. Vous aviez cependant, M. Johnson, à votre disposition une meilleure raison, locale il est vrai, insuffisante peut-être, mais sérieuse, précise et déterminée dans l'importance de sa valeur : en 1881, l'avant-dernier recensement, par une erreur d'attribution, portait 1.000 Acadiens de trop au comté d'Yarmouth; mes amis et moi nous

nous en sommes aperçus ici même à Paris, en compulsant le recensement. Nous en avons aussitôt informé votre honorable et regretté prédécesseur, M. Taché ; il nous remercia de notre avis, mais il était trop tard pour rectifier les chiffres ; il en prit note sur ses registres, afin de l'utiliser ultérieurement.

» Il y avait là de ce chef 1.000 à 1.200 âmes, qu'il eut été légitime, qu'il eût été nécessaire de mentionner en déduction dans vos statistiques de 1891. Pourquoi vous, *le statisticien*, comme vous l'écrivez avec tant de complaisance, n'en avez-vous point parlé ? La raison en est simple, c'est que vous ignoriez l'incident ; car si vous aviez connu cette forte raison, vous n'eussiez point masqué vos opérations suspectes, avec les enfantillages déplacés que vous prétextez aujourd'hui.

» Mais comment ignoriez-vous cette circonstance ? Vous avez donc bien peu consulté les archives de vos statistiques canadiennes ? Or si vous n'avez pas consulté ces dossiers, où donc avez-vous appris la science, où vous prétendez prendre aujourd'hui vos degrés ? Il vaudrait mieux, peut-être, faire quelque supplément d'études qui vous manquent, et ne plus mettre sur votre bonnet : *je suis le statisticien breveté du Gouvernement*. Sinon les économistes pourraient vous répudier, en vous repoussant, dans la cohue ridicule de ces faux savants que Molière a placés derrière le *Malade imaginaire*. »

C'est ainsi que notre ami a désarçonné ce recenseur improvisé. Voilà donc ces explications tombées par terre, et nous sommes ramenés à notre première question : *Qu'a-t-on fait des 11.000 Acadiens qui ont disparu du recensements de la Nouvelle-Écosse ?*

Dans cette situation, et devant les altérations nombreuses que les hommes les plus compétents signalent dans le recensement, il est donc nécessaire d'énumérer et de rectifier avec détail, autant que possible, les erreurs qui peuvent s'y trouver ; nous parcourrons à cet effet tous les comtés de la province ; seulement, avant de commencer ce parcours, il convient de rappeler que, par suite des instructions nouvelles, qui ont donné pour base d'appréciation, la connaissance de la langue anglaise par le recensé, au lieu de la déclaration d'origine, l'accroissement apparent des Acadiens entre 1881 et 1891 a été presque partout plus ou moins affaibli.

Comtés de Digby et d'Yarmouth. — Ces deux comtés, qui sont contigus, paraissent assujettis à la même fortune et aux mêmes observations. La création du collège Ste-Anne, dans Digby, en 1889, peut même y déterminer la création d'un centre pour tous les Acadiens, qui sont si dispersés dans la presqu'île. Voici le tableau de leur statistique pour trois recensements :

	Recensements	1871	1881	1891
Comté de Digby	Total des habitants	17.037	19.881	19.897
	Catholiques	7.442	8.824	9.302
	Acadiens	6.460	7.889	8.065
Comté d'Yarmouth	Total des habitants	18.550	21.284	22.218
	Catholiques	5.301	6.975	8.058
	Acadiens	4.852	7.491	7.169

Ces deux extraits des recensements ne portent, en apparence, aucune trace de fraude, et leurs résultats se présentent dans des conditions généralement acceptables ; cependant on ne peut méconnaître qu'il y a des traces de désordres dans la confection de ces statistiques :

C'est dans le comté d'Yarmouth qu'a eu lieu, en 1881, l'erreur de 1.031 Acadiens portés en trop en un lieu appelé *Cheboque*. Cette erreur aurait dû entraîner quelque embarras dans le raccord des comptes, et on n'en voit pas trace ; d'un autre côté, il se montre une tendance générale à forcer la multiplication des Irlandais, ce qui est absolument en contradiction avec les recensements précédents et avec tous les rapports d'émigration et d'immigration de ces provinces entre 1881 et 1891, par lesquels ils paraissent plutôt diminuer que s'accroître.

Nous pensons donc que, vu les circonstances dans lesquelles ce recensement de 1891 s'est opéré, et vu la progression normale des Acadiens, il y aurait lieu de remonter de 5 0/0 en moyenne le nombre des Français, de manière à inscrire 8.385 Acadiens dans le comté de Digby et 7.445 dans le comté d'Yarmouth, en diminuant d'autant le chiffre des Irlandais catholiques, qui sont évalués à 1.237 en Digby et à 889 en Yarmouth, évaluation qui est contradictoire avec la diminution des Irlandais dans toutes ces provinces depuis 10 à 15 ans. Dans ces deux comtés, il ne se trouvait en 1871 que 1.230 catholiques anglais ; ils ne sont pas aujourd'hui plus de 1.500, ce qui constitue encore un accroissement de 10 0/0 tous les dix ans, c'est-à-dire bien supérieur à la moyenne ordinaire de leur progression.

Comté de Cumberland. — Ce comté renfermait en 1861 : 700 Français et 1.457 catholiques ; — en 1871 : Français 822 et catholiques 1.855 ; — en 1881 : Français 1.043 et catholiques 2.425 ; mais en 1891 avec le nouveau mode de recensement on ne trouve plus que 69 Français sur 3.873 catholiques. Cette quasi-radiation est d'autant plus difficile à justifier que nous savons personnellement comment les Acadiens du Nouveau-Brunswick, ont expédié dans ce comté de nombreuses familles depuis 1880, lesquelles ont dû augmenter la populations française de plus de 50 0/0. Notre opinion a été en outre con firmée par les registres de l'immigration qui constatent en dix ans un accroissement de 1.500 immigrants venus du Nouveau-Brunswick dans le comté de Cumberland.

Ces Acadiens du Cumberland se sont presque tous agglomérés autour d'un petit village autrefois nommé Menoudy ou *Rivière-Hébert ;* ce village avait été formé, il y a plus de cent ans, par quelques familles, restées dans la presqu'île au moment de la proscription et que les Acadiens du continent sont venus constamment rejoindre. Le caractère de cette stabilité laborieuse et progressive n'a pas besoin d'être démontré, et, au lieu du chiffre dérisoire de 69 personnes, nous tenons pour démontré que cette population dépassait *1.600* âmes en 1891.

Comté de Guysborough. — 1.358 Acadiens en 1881 ; réduits à 156 en 1891.

Comté du Cap-Breton. — 1.338 Acadiens en 1881 ; réduits à 207 en 1891.

Rien ne justifie, rien n'explique ces énormes réductions ; les mêmes familles, les mêmes villages y restent toujours dans la même situation. J'ai eu l'honneur de me rencontrer avec M. le curé de Sydney (Cap Breton) lui-même ; ce digne prêtre a été aussi étonné que moi-même de ce changement à vue ; les Acadiens de Sydney très éloignés de tous les autres ont pu contracter quelques façons et quelques habitudes anglaises, mais leurs relations constantes avec nos Français de Saint-Pierre-Miquelon qui vont s'approvisionner de charbon de terre à Sydney, les maintiennent sans peine dans leur langue et dans leurs traditions.

Leur nombre doit donc être rectifié avec un léger accroissement sur le pied de 1.500 Acadiens dans le comté de Guysborough en plusieurs hameaux vers le cap Canseau; et 1.300 Acadiens dans le comté du Cap-Breton.

Comté de Richemond. — Voici la comparaison des 3 recensements:

	1871	1881	1891
Population totale	14.268	15.121	14.400
— catholique	10.243	10.722	10.288
— acadienne	6.955	7.348	6.138

Ce tableau nous présente la population acadienne comme ayant perdu, en 1891, 1.210 âmes, mais comme les Acadiens sont tous catholiques, cette même diminution devrait se retrouver dans le nombre des catholiques, mais les catholiques n'ont diminué que de 434! il faudrait donc qu'il fût venu du dehors 776 immigrants catholiques. Or si nous consultons les listes d'immigration, nous trouvons que dans toute la Nouvelle-Ecosse et particulièrement dans le comté de Richmond, l'immigration étrangère diminue considérablement d'année en année; en 1871 il y avait dans ce comté 827 natifs d'Angleterre; en 1881 seulement 653; en 1891 moins de 500; il n'est donc point venu d'immigration extraordinaire de catholiques anglais, au contraire; cette contradiction entre le recensement des catholiques et le recensement des Acadiens, nous fait saisir en flagrant délit, la manière d'opérer des agents de M. Johnson : on reporte, sur les catholiques anglais, les Acadiens que l'on supprime. Le moins que l'on puisse faire dans cette circonstance, c'est donc de rétablir le chiffre de 1881 en reportant de nouveau 7.348 Acadiens.

Comté d'Antigonish.— Voici l'état comparatif des trois recensements:

	1871	1881	1891
Population totale	16.562	18.860	16.112
— catholique	13.999	15.346	13.859
— acadienne	2.671	2.882	2.948

Nous remarquerons ici que toutes les populations d'Antigonish sont en diminution ; la médiocrité de la progression des Acadiens n'a donc rien qui doive nous surprendre; elle est en concordance avec l'état général du comté; le reste de la population a même diminué entre 1871 et 1891. Nous acceptons donc ici le recensement actuel.

Comté d'Inverness. — Le comté d'Inverness est presque exclusivement peuplé d'Ecossais: 20.000 sur 25.000. Toutefois, il existe au nord un district, cantonné dans les montagnes, et peuplé en grande partie d'Acadiens. Le principal établissement s'appelle *Cheticamp;* l'autre est à *Magré.*

Ces Acadiens qui sont aujourd'hui 4.153, ont plus que doublé depuis 1860. C'est un peuple très prospère, à demi marin, à demi cultivateur, et sa condensation isolée l'a mis à l'abri de toute falsification dans le recensement de 1891 ; tout ce canton, y compris quelques Écossais catholiques, forme trois paroisses contiguës, en plein progrès ; elles comprennent en tout près de 5.000 âmes. Nous acceptons donc ici les chiffres du recensement comme dans le comté précédent.

Halifax (ville). — La ville d'Halifax est située dans le comté d'Halifax, que nous examinerons séparément, car il forme un article spécial du recensement. Avant 1871 il y avait extrêmement peu de Français dans Halifax ; en 1871 on en constatait 471 ; en 1881 ils s'élevèrent à 936 ; mais en 1891 on n'en marque plus que 104. Il est évident qu'il s'agit ici d'une émigration rurale vers la ville, comme il s'en manifeste partout. Celle-ci est venue des divers groupes acadiens, disséminés dans la province ; comme ce genre d'émigration procède toujours en augmentant, à moins de quelque événement extraordinaire, il est à peu près certain qu'en 1891 il devait y avoir à Halifax 1.300 à 1.400 Acadiens ; le chiffre de 104 Acadiens, que l'on a consigné dans le recensement, n'est donc qu'un chiffre de fantaisie, qui nous montre une fois de plus que l'usage des recenseurs, sinon leur règle, a été de n'inscrire les Acadiens, en tant que Français, que lorsque cette inscription s'imposait par quelque forte raison. Nous inscrirons donc pour la ville d'Halifax un minimum de 1.000 Acadiens, les uns employés, les autres artisans, quelques-uns gens de service.

Comté d'Halifax. — Ce comté se divise en deux sections : l'une située au nord-est de la ville, jusqu'au comté de Guysborough, renfermait 1.667 Acadiens en 1871 ; la plupart étaient établis sur le bord de la mer, dans les hameaux de Muscodoboit, de Chezetcook et aux alentours. Les premiers habitants furent des Acadiens échappés à la proscription, capturés ensuite, et retenus dans les prisons d'Halifax jusqu'à la fin de la guerre. Lorsqu'ils furent relâchés, ils se refugièrent à quelques lieues d'Halifax dans les rochers de Chezetcook où ils s'établirent, vivant d'abord de la pêche, puis ensuite de culture. Ils y furent rejoints de temps en temps par quelques-uns de leurs compatriotes dispersés. Les premières années furent dures, en 1831 ils n'étaient pas 500 ; mais ils s'y développèrent si bien qu'en 1871 on en comptait sur cette côte 1.667 ; en 1881 leur nombre s'élevait 1.966, dont 1.600 dans les deux principaux villages.

Cette colonie ainsi que celle de Cheticamp, dans le comté d'Inverness, compte parmi les paroisses acadiennes les mieux conservées ; elle s'accroît de jour en jour et devait certes dépasser 2.500 habitants en 1891. Cependant quelle que fut la bonne tenue et la bonne union qui régna parmi ces familles au sein de leur isolement, les agents de M. Johnson sont parvenus, sous divers prétextes, à n'en enregistrer que 652 comme Acadiens ; pour nous, nous croyons rester beaucoup au-dessous de la vérité en ne les portant que pour 2.000 sur toute la côte qui court au nord-est, depuis Darmouth jusqu'au comté de Guysborough.

Le sud-ouest du comté d'Halifax offre un groupe acadien d'un genre tout particulier, sur lequel il est nécessaire d'arrêter un instant notre attention : cette partie du comté d'Halifax à laquelle il faut joindre les comtés de Lunembourg, de Queen's et de Shelburne qui se suivent jusqu'au cap Sable, renferment le pays que, du temps des Français, on appelait le *quartier de la Hève ;* il y était toujours resté, même après l'établissement définitif de Port-Royal en 1640, un certain nombre de familles françaises. Plusieurs des proscrits de 1755 se réfugièrent parmi elles, et tous ensemble vécurent à l'abri dans les forêts de l'intérieur avec les sauvages, comme avait fait le fils de Poutrincourt avec ses compagnons, en 1615, après l'invasion et le pillage d'Argall. Comme eux, ils y vécurent de longues années à force de persévérance et d'énergie ; ce serait une histoire très curieuse à étudier et à raconter !

Quoi qu'il en soit ils demeurèrent dans ces retraites sauvages dans un tel état d'isolement, jusque dans les premières années de ce siècle, que les autres Acadiens eux-mêmes les perdirent de vue ; ils devinrent ignorés du reste du monde.

L'abbé Maillard fut peut-être le dernier missionnaire qui ait pu entretenir quelque relation de religion avec eux. M. l'abbé Lartigue, envoyé par l'évêque de Québec pour parcourir les paroisses acadiennes, en 1803, fait mention dans son rapport de quelques familles acadiennes qui vivaient au sud-ouest d'Halifax, du côté de Prospect. Depuis lors on n'entendit plus parler de ces réfugiés, jusqu'aux premiers recensements de la Nouvelle-Écosse de 1827 à 1837; ils avaient alors pour la plupart perdu les traces de la foi catholique, et probablement de leur langue maternelle, mais ils avaient conservé la tradition et l'amour de leur origine. Ils se réclamèrent de leur qualité de Français, et se firent inscrire comme tels sur les registres du recensement en 1871. Ils en agirent ainsi par leur propre spontanéité, car personne dans cette contrée ne s'intéressait à leurs vieilles traditions, et dans tout le reste de la Nouvelle-Écosse, personne, même les autres Acadiens, ne soupçonnait leur histoire ni même leur existence.

En 1871, ils étaient 3.000; en 1881 leur déclaration s'élève à 3.664, ce qui nous montre combien ces déclarations étaient tout à fait spontanées; à chaque recensement, en effet, l'accroissement de leur nombre est supérieur à celui de l'accroissement naturel. Pourquoi? parce qu'à chaque recensement, de nouvelles familles viennent se joindre aux autres, après s'être tenues à l'écart au premier abord.

Peut-être en 1891 en aurait-on trouvé plus de 4.000, si Johnson le statisticien n'y eût mis bon ordre : dans son recensement, les trois comtés de Shelburne, Queen's et Lunembourg, ne contiennent que 45 Acadiens, et dans le sud-ouest du comté d'Halifax il en désigne 5. Voici donc que 4 districts : Halifax-ouest, Lunembourg, Queen's et Shelburne, qui comptaient ensemble, en 1881, un total de 4.000 Acadiens environ, n'en contiennent plus aujourd'hui que 50, du moins sur le papier. On a donc supprimé dans ce seul coin de la Nouvelle-Écosse 4.000 Acadiens, c'est-à-dire près de la moitié du déficit que présente le Census de 1891 sur celui de 1881.

Certes ce groupe acadien qui existe dans le sud-est de la province, présente une situation tellement singulière, que l'agent du recensement peut y trouver une excuse, une explication très légitime; cependant pour avoir perdu, par la fatalité des circonstances, leurs croyances religieuses et leur langue originelle, ces réfugiés de la côte de l'Est n'en sont pas moins d'origine acadienne et française; c'est un fait historique qu'ils reconnaissent et dont eux-mêmes ont réclamé la constatation. Le moins que l'on eut dû faire, eût été de consacrer ce fait historique, en insérant à la suite des deux comtés d'Halifax et de Lunembourg, une note de quelques lignes, mentionnant leur existence, leur progression, et le chiffre présent de leur population. La rédaction de cette note aurait été d'autant plus juste et d'autant plus intéressante qu'elle présentait à la fois une utilité économique et un caractère historique tels que l'attitude même des habitants semblait le désirer. A chaque décade, en effet, leur nombre s'accroissait, non pas seulement de 10 à 12 0/0, résultat ordinaire de l'excédent des naissances; mais de 20 0/0 et plus. Il est même probable qu'en 1891, le chiffre des Acadiens de cette catégorie eût dépassé 4.000, si M. Johnson n'avait pas fait rayer d'office tous ceux qui ne présentaient pas une réclamation d'inscription nouvelle et spécifiée. Le Comté et la ville d'Halifax eussent donc comporté l'inscription de 3.000 Acadiens : savoir, 2.000 dans le quartier de Chezetcook, et 1.000 dans la ville d'Halifax; de plus il eût été convenable de mentionner dans une note, comme nous venons de l'indiquer, un groupe spécial de 4.000 Acadiens protestants, dans les 4 comtés de : Halifax, Lunembourg, Queen's et Shelburne. Total de tous les Acadiens, dans ces 4 comtés, 4.000 au lieu de trois.

Il ne nous reste plus à examiner maintenant dans la Nouvelle-Écosse, que six comtés : *Annapolis, Kings, Hants, Colchester, Pictou* et *Victoria du Cap-Breton.* L'ensemble de ces six comtés comprenait 1.032 Acadiens en 1871 ; et 2.027 en 1881. Ils ne formaient encore aucune agglomération notable; les plus forts groupes étaient 160 à Annapolis (ancien *Port Royal*), et 155 à la Rivière-Canard (au pays des *Mines*); mais ils y vivaient, laborieux, patients et stables, au milieu des souvenirs de leurs aïeux; leur nombre grandissait d'année en année; depuis 30 ans ils étaient devenus 2.027 ; tout à coup en 1891, on n'en trouve plus que 164 ! Les autres n'ont été considérés que comme des *Heymathlosen* (gens qui ont perdu leur chez soi) !

Il est inutile, sur ces chiffres minimes, dispersés en six districts, de faire des recherches longues et pénibles; *164 au lieu de 2.027 !* cela suffit pour montrer l'inexactitude de ces évaluations. Si l'honorable M. Taché avait pu continuer à diriger ces travaux, avec son expérience, sa rectitude d'esprit et sa profonde équité, ces Acadiens seraient maintenant plus de 3.000, consignés sur les registres publics; pour nous, nous nous contenterons de réinscrire dans ces six comtés, le nombre de *2.027*, qui avait été constaté il y a 12 ans.

Nous pouvons maintenant nous rendre compte de ce que sont devenus les 10.000 Acadiens dont la destinée nous inquiétait. Ils étaient 41.219 en 1881 dans cette province, on devrait en trouver aujourd'hui 46.000;

mais le recensement ne nous en présente que 29.838 pour 1891 ; c'est même avec beaucoup de peine que nous parvenons, à travers le désarroi des documents bouleversés, à relever ce recensement défiguré, jusqu'à une rectification de 43.824 Acadiens dans la Nouvelle-Écosse. Seulement nous avons mis en lumière les procédés qu'emploient M. Johnson et ses agents ; nous savons comment on escamote les populations dont la fécondité devient gênante, afin d'opérer des virements de population, très propres à combler les vides qui menacent de se faire chez les voisins.

Cette leçon ne sera point perdue sans doute, et ce sera désormais avec une juste méfiance que nous allons poursuivre l'analyse critique de ce recensement. Il ne nous reste plus, pour terminer cette section, qu'à résumer les rectifications que nous venons d'opérer. Le lecteur trouvera dans le petit tableau qui suit, la liste de tous les comtés de la Nouvelle-Écosse, et en regard de chaque comté : la population acadienne de 1881, — le chiffre officiel de 1891, — et le chiffre ici rectifié, par nous-même aujourd'hui — lequel nous proposons de substituer aux évaluations trop arbitraires du recensement que M. Johnson vient de publier.

ÉTAT DE LA POPULATION ACADIENNE-FRANÇAISE DE LA NOUVELLE-ÉCOSSE DEPUIS 1881.

	1881	Chiffres officiels 1891	Chiffres rectifiés 1891
Comté de *Digby*	7.889	8.065	8.448
— de *Yarmouth*	7.491	7.169	7.382
— *Cumberland*	1.043	69	1.600
— *Guysborough*	1.356	156	1.500
— *Cap-Breton*	1.336	207	1.300
— *Richemond*	7.348	6.148	7.348
— *Antigonish*	2.882	2.948	2.948
— *Inverness*, section de Cheticamp	3.635	4.153	4.153
Cité d'*Halifax*	936	114	1.000
Comté d'*Halifax*, section de Chezetcook	1.620	652	2.000
— d'*Halifax-sud*, annexé avec les comtés de *Lunembourg*, de *Queen's* et de *Shelburne*	3.654	3	4.000
Les six comtés : *Annapolis*, *Hants*, *Kings*, *Colchester*, *Pictou* et *Victoria*	2.027	164	2.027
TOTAL	41.219	29.838	43.706

Il résulte de cette rectification que dans la Nouvelle-Écosse, la population acadienne au lieu de perdre 11,159 personnes en 1891, a gagné 2.487 âmes sur le recensement de 1881; et que la population anglo-saxonne, s'élevant à 406.700 âmes, ne gagne que sept à huit mille personnes sur ce même recensement.

Province du Nouveau-Brunswick.

Cette province forme deux sections : les six comtés du nord, renfermés entre le golfe St-Laurent et le fleuve St-Jean, constituent la section du nord ; tandis que les huit comtés situés entre la baie de Fundy et les États-Unis, composent la section du sud.

La simple inspection des tableaux du recensement officiel fait de suite ressortir trois faits généraux fort notables :

1° C'est que, dans la section du nord, les Canadiens français font rapidement de tels progrès, que depuis 20 ans ils ont conquis la majorité dans 2 comtés, et qu'ils sont à la veille de la posséder dans deux autres ; si même on étudiait la population au point de vue religieux, on apercevrait que les catholiques français et anglais réunis forment dans l'ensemble une majorité qui dépasse les deux tiers ;

2° Dans la section du sud, où les Anglais possèdent cependant une énorme majorité de 98 0/0, ils présentent dans tous les comtés, excepté deux (Albert et York), une décroissance très marquée, qui déjà se faisait pressentir en 1871 ;

3° L'inexactitude générale du recensement.

Population du Nouveau Brunswick en 1881 et 1891

(d'après les recensements officiels).

Section du nord.

Comtés	Population totale 1881	Population totale 1891	Français 1881	Français 1891	Anglais et autres 1881	Anglais et autres 1891
Westmoreland	37.719	41.477	11.798	13.676	25.921	27.801
Kent (1)	22.618	23.845	13.013	14.909	9.605	8.936
Northumberland	25.109	25.713	2.736	3.303	22.313	22.410
Gloucester	21.614	24.897	15.687	18.931	5.927	5.966
Ristigouche	7.058	8.308	2.002	2.713	5.056	5.595
Victoria	15.686	18.217	8.854	7.751	6.832	10.466
Totaux	129.804	142.457	54.090	61.282	75.714	81.174

(1) Les noms en italique sont ceux où les Acadiens sont en majorité.

Section du sud.

Comtés	Population totale 1881	Population totale 1891	Français 1881	Français 1891	Anglais et autres 1881	Anglais et autres 1891
—	—	—	—	—	—	—
York	30.397	30.979	730	239	29.667	30.740
Carleton.	23.365	22.529	458	40	23.325	22.489
6 autres comtés . .	111.540	101.114	1.059	140	110.482	100.974
Ville de St-Jean . .	26.127	24.184	239	67	25.888	24.117
TOTAUX.	191.429	178.806	2.486	486	188.944	178.320

Nous aurons occasion de revenir sur ces faits, mais il nous faut en ce moment étudier le recensement en lui-même.

Les comtés du nord constituent précisément le district où s'est manifesté, en 1891, ce sentiment de méfiance, qui a déterminé la rectification immédiate des opérations du recensement. Rectification qui a été très efficace, puisqu'elle a fait constater aussitôt un accroissement de 7.191 âmes chez les Français, tandis que les Anglais n'offraient qu'une progression de 4.442 personnes; encore, n'était-elle qu'apparente, comme nous allons le voir. Il ne semblait donc pas, de prime abord, qu'il y eût à soulever aucune discussion sérieuse à ce sujet, si le comté de Victoria n'eût pas présenté une situation tout à fait anormale : en effet, tandis que dans les 5 autres comtés du nord les Acadiens s'accroissaient à raison de 17 et 18 0/0 tous les dix ans, les recenseurs affirmèrent que dans Victoria, la population acadienne avait diminué de 12 0/0 dans la décade. Cela parut d'autant plus extraordinaire que, s'il y avait un comté dans le Nouveau-Brunswick où les Français devaient s'accroître plus qu'ailleurs, c'était celui-là. C'est le seul, en effet, qui soit à une très grande proximité des Français du Canada; de telle sorte que, dans les autres comtés, les Acadiens ne s'accroissent que par la puissance de leur natalité, tandis que dans Victoria, leur progression s'appuie sur la fécondité de leurs familles, et en même temps sur un courant d'immigration qui existe depuis plus de soixante ans, entre Temiscouata du Canada et la vallée du fleuve St-Jean, qui borde le nord-ouest du Nouveau-Brunswick.

La décroissance des Français dans cette région était donc très surprenante. En consultant les recensements précédents, on put constater que ceux-ci, qui étaient, en 1851, au nombre de 4.000, avaient atteint, en 1881, le chiffre de 8.854. Or en 1891, les recenseurs n'en indiquaient plus que 7.751 !

Nous ne tardâmes pas à connaître le secret de cette contradiction. Le comté de Victoria est séparé des autres comtés septentrionaux du Nouveau-Brunswick par les montagnes escarpées et désertes du Madawaska, dont l'épaisseur comporte 25 à 30 lieues. L'agitation qui se fit autour des recenseurs sur le bord de la baie des Chaleurs ne pénétra donc pas jusque dans cette contrée, et les agents du recensement, abandonnés à eux-mêmes, en prirent fort à leur aise, comme ils l'eussent fait sans doute dans le reste du Nouveau-Brunswick, s'ils n'eussent été arrêtés par les remontrances violentes des Acadiens du nord.

Ils cherchèrent donc, dans Victoria, à faire inscrire sous la rubrique des *English speaking* le plus d'Acadiens possible. Intimidant les uns, trompant les autres, forgeant toutes suppositions sur les faits et sur les personnes, ils escamotèrent ainsi un grand quart de ces malheureuses familles, et grossirent outre mesure la liste des Anglais. C'était une bonne revanche des justes revendications qu'ils avaient dû subir sur la baie des Chaleurs, et ils en étaient tous joyeux.

Malheureusement, l'excès même de leurs suppositions et de leurs manœuvres perdit ces recenseurs très ingénieux, mais trop passionnés; on parlait de 53 0/0 d'accroissement sur le nombre des Anglais dans le comté ! Mais les *English speaking* du Nouveau-Brunswick ne nous ont point habitués à une progression si rapide, car il est rare de les voir s'accroître, en dix ans, même de 4 ou 5 0/0. Pour expliquer une telle merveille il eût fallu, en outre d'une puissance de natalité extrême, le concours d'une immigration d'au moins 3.000 Anglo-Saxons venant du dehors ; ils étaient en effet environ 6.000 en 1881, et maintenant on en comptait jusqu'à 10.500. Les agents de M. Johnson comprirent qu'ils avaient été trop vite en besogne ; ils alléguèrent de nombreux immigrants survenus dans le pays ; mais les informations que nous recueillîmes démontrèrent que l'immigration de la Grande-Bretagne était faible et diminuait d'année en année ; seuls les Acadiens du Maine en passant le fleuve St-Jean, et les Canadiens arrivant du nord par Temiscouata, présentaient une immigration notable : on compte dans ce district de Victoria plus de 2.000 natifs du Canada ou du Maine, contre 600 à peine, nés dans les trois royaumes.

La multiplication des Anglais dans le comté de Victoria n'était donc qu'un jeu d'imagination de la part des statisticiens officiels ; l'accroissement qui florissait dans ce pays provenait presque exclusivement des immigrants français et des familles acadiennes de la contrée. Mais, pour la circonstance, on avait dénationalisé parmi eux le plus de dupes possible ; on avait inscrits comme étrangers, tous ceux qui étaient nés dans le Canada, et comme le fleuve St-Jean, frontière des États-Unis, coupe en deux la population acadienne du pays, on avait inscrit, comme Américains Anglais, tous les Acadiens qui, ayant passé le fleuve, s'établissaient d'année en année chez leurs parents du Madawaska.

C'est ainsi que l'on parvint a créer dans ce pays, sans bruit (mais seulement dans les registres), une population anglaise artificielle. Il ne s'y trouvait en 1881 que 6.832 Anglo-saxons ; on parvint à les développer en 1891 jusqu'à 10.466 personnes, par des fictions de calcul que l'on n'avait jamais connues jusque-là.

Voici maintenant comment nous rectifions la distribution de ces habitants selon leurs origines réelles : on avait constaté en 1881 dans le comté qui nous occupe, la présence de 15.686 âmes, dont 8.854 Acadiens; ces Acadiens se sont accrus en dix ans de 15 0/0, ainsi que tous leurs compatriotes au nord de Nouveau-Brunswick ; si on y ajoute maintenant pour ces dix années 500 émigrants Français arrivés tant par le nord que par le sud, on doit leur attribuer au recensement de 1891, en compte rond, et même affaibli. 10.500 âmes.

Il reste donc sur le chiffre dudit recensement 7.717 personnes à attribuer aux habitants anglais du comté ; ils n'étaient que six mille huit cent trente-deux, en 1881, ils bénéficient donc d'un accroissement de 885 personnes, c'est-à-dire plus de 13 0/0 en dix ans. C'est un chiffre de progression, qui dépasse de plus du triple l'accroissement de n'importe quel groupe anglo-saxon, dans toutes les provinces maritimes; nous leur faisons donc une bien belle part, car en réalité les Français doivent être aujourd'hui, plus de onze mille dans le comté de Victoria.

La section méridionale du Nouveau-Brunswick, comprend 8 comtés et la capitale (la ville de St-Jean); le tout forme 9 districts qui, en 1881, comptaient 191.429 habitants, presque tous d'origine anglo-saxonne. Mais cette population est en diminution sensible ; en 1891 on n'y a plus trouvé que 178.806 habitants. La section a donc perdu depuis dix ans 12.598 personnes. Cette perte se répartit sur la contrée entière, un seul district présente une légère augmentation, York : 30.397 âmes en 1881 passe à 30.979 en 1891.

Ce curieux phénomène, dont j'ai observé les premiers symptômes dans l'État du Maine, il y a plus de 30 ans, s'étend maintenant dans toute la Nouvelle-Angleterre, et dans l'est du Canada : ce fléau qui semble menacer le nord-est de l'Amérique, d'une diminution fatale et progressive, c'est la réduction extrême de la natalité, et il paraît s'attacher à la race anglo-saxonne. Ce mal singulier s'appelle, dans le pays, *la loi du Maine ;* le Nouveau-Brunswick est un des lieux les plus sévèrement atteints par ce mal ; déjà en 1881 on s'apercevait dans quelques comtés, d'un certain affaiblissement dans la progression des familles, mais aujourd'hui la défaillance se montre sur toute la ligne, sauf dans les quartiers où domine l'élément français.

Nos Canadiens en effet se défendent mieux que tous autres, jusqu'à présent du moins, comme nous l'avons vu dans le nord du Nouveau-Brunswick. Mais dans le sud ils sont si peu nombreux, qu'ils ne peuvent exercer une influence appréciable; en 1871 sur 181.066 habitants on ne comptait que 2.373 Acadiens dispersés dans tous les districts du sud ; en 1881 il y en avait 2.545 sur 191.429 habitants. En 1891 avec le nombre toujours progressif des Acadiens se répandant vers le sud, nous aurions peut-être trouvé 2.800 à 3.000 Acadiens dans cette région, mais par suite des ingénieux procédés du dernier recensement il n'est resté (sur le papier du moins) que 486 Acadiens. Le fait est qu'un très grand nombre ont été inscrits comme Anglais, tandis que peut-être avaient-ils, au contraire, gagné du terrain sur l'élément britannique, au milieu de la déperdition générale qui affaiblit aujourd'hui la population anglaise, dans tous les comtés de la province.

En réalité, je crois que les recenseurs n'ont pas été fâchés de profiter de la circonstance pour masquer un peu les vides, que *la loi du Maine* a multipliés si violemment parmi eux, durant cette décade. « Notre province, se disaient-ils, a perdu 12.500 âmes il est vrai, mais il faut en décompter 2.000 Acadiens qui ont disparu de nos comtés du sud, ils étaient 2.545 il n'en reste plus que 486. Sur ce ils ont appliqué, en grand, le système de réduction Johnson, et on a inscrit les quatre cinquièmes de ces Acadiens comme Anglais. On faisait ainsi un coup double. D'une part, il n'y a plus que 486 Acadiens inscrits dans les comtés du Sud; d'autre part, on enregistre dans ces mêmes comtés 2.000 Anglais imaginaires. Cette supercherie est une *Smart speculation*, mais elle a été appliquée par des gens plus gauches encore qu'ingénieux et surtout plus ignorants, comme le lecteur va pouvoir en juger.

Dans ces comtés du sud, les Acadiens étaient fort inégalement répartis : le comté d'York contient une ancienne seigneurie française nommée *Ekoupag* qui appartenait en 1750 à la célèbre famille canadienne de Vaudreuil; ceux-ci y avaient établi quelques familles canadiennes et il s'y était groupé des métis et des sauvages. Placés au milieu des forêts, les Français s'y maintinrent toujours plus ou moins nombreux, à travers les guerres et les violences de la fin du 18e siècle.

En 1733 on y constatait 111 Acadiens, et ils s'y maintinrent si bien qu'en 1840 ils s'y trouvait encore un fonds de Français et d'Indiens que visitait périodiquement un missionnaire catholique.

Ce lieu, si je ne me trompe, s'appelle en ce siècle *Nashwak*, mais les Anglais le nomment *Kings-Clear;* ce petit groupe a toujours servi de point d'attraction et de concentration à divers Acadiens des comtés voisins, en 1871 on compte 612 Acadiens dans le comté d'York, en 1881 ils étaient 730, et peut-être en aurions-nous trouvé près de mille en 1891, sans les recenseurs, qui n'en n'ont laissé subsister que 239.

S'il y a cependant un groupe d'émigrants manifestant une stabilité ancienne, laborieuse, tenace et progressive, c'est bien celui-là; mais on n'entre point dans de telles considérations, on ne connaît même pas les peuples que l'on recense et on a assimilé cette colonie solide à des ouvriers passagers qui flottent à la merci des circonstances. On en a rayé les trois quarts, et les nigauds, très *Smarts*, qui les ont rayés, croient que cette tache d'encre les a changés en Yankees. Cette politique raffinée ressemble a celle de l'autruche qui se croit à l'abri du chasseur, lorsqu'elle cache sa tête sous les dépôts qu'elle a pondus. Le chasseur cependant s'approche à petit bruit, saisit l'animal qui calcule, et l'emporte sans égard pour les spéculations qu'il méditait.

Ainsi en sera-t-il peut-être du village de Nashwak, qui va continuer à grandir bien qu'on l'ait effacé, dans les écritures; qui sait ? il peut devenir la graine de senevé, destinée à transformer le comté d'York! il y arriverait ainsi ce qui est arrivé au Comté de Ristigouche : quelques centaines de Canadiens vinrent s'y établir il y a trente ans, on en compte aujourd'hui plusieurs mille, et ils sont en train d'avaler le comté anglais tout entier.

On ne s'étonnera donc point que nous ne considérions pas comme perdus des hommes supprimés par une étiquette ; nous rectifions au contraire, le recensement du Nouveau-Brunswick du sud, de la manière suivante : On comptait dans cette demi-province 191.429 habitants en 1881, elle a perdu depuis 12.623 âmes. Mais cette diminution ne provient aucunement des Acadiens, comme l'avaient bénévolement supposé les recenseurs; nous en trouvons bien la preuve dans le comté d'York; c'est là où se trouve le plus gros paquet d'Acadiens dans le sud (980); or, c'est précisément le seul comté de ce quartier, où le nombre des habitants se soit accru; les Acadiens ne sont point partis; ils se sont même accrus ; et la décroissance de la population, a pesé uniquement sur les paroisses anglaises, et les familles anglaises. Nous maintiendrons donc dans cette région la même quotité de Français, sans les augmenter ni les réduire.

En 1881, il se trouvait dans le sud, 191.429 habitants, dont 2.545 Français; en 1891, il ne restait que 178.806 habitants, dont 176.261 Anglais et 2.545 Français, et sur ces derniers, 980 doivent être attribués à la colonie du comté d'York.

Pour terminer convenablement cette étude sur le Nouveau-Brunswick, nous croyons utile d'en présenter le résumé dans le tableau qui suit :

État de la population du Nouveau-Brunswick

D'après le recensement officiel de 1891, rectifié par MM. O. Reclus et E. Rameau.

Section Nord

Noms de Comtés	Westmoreland	Kent	Northumberland	Glocester	Ristigouche	Victoria
Population totale.	41.477	23.845	25.713	24.897	8.308	18.217
Anglaise.	27.801	8.936	22.410	5.966	5.595	7.717
Française rectifiée	13.676	14.909	3.303	18.931	2.713	10.500
Française officielle	*13.676*	*14.909*	*3.303*	*18.931*	*2.713*	*7.751*

Section Sud.

Noms des Comtés	Albert	St-Jean Comté	St-Jean Ville	Charlotte	Kings-Queens Sunbury	Carleton	York
Population totale.	10.971	25.390	24.184	23.752	35.376	22.669	30.979
Anglaise.	10.921	25.204	23.984	23.577	34.936	22.154	30.121
Française rectifiée	50	186	200	175	441	515	978
Française officielle	*40*	*62*	*67*	*5*	*63*	*40*	*239*

Il résulte de cet état que, dans le Nouveau-Brunswick, la population acadienne qui était de 56.635 âmes en 1881, s'élevait à 66.577 âmes en 1891, avec un bénéfice de 9.942 habitants, tandis que la population anglaise perd 9.912 personnes sur le recensement de 1881.

Nous avons signalé, dans la *Revue Française* du 1er octobre, les omissions et les erreurs du census de 1891 dans les provinces de la *Nouvelle-Ecosse* et du *Nouveau-Brunswick;* nous les avons même rectifiées approximativement. Nous avons indiqué également, dès la première page, la situation de l'île du *Prince Édouard;* et on a pu remarquer que la faible augmentation qui s'y montre provient du petit noyau d'Acadiens français qu'elle renferme : ces Acadiens étaient 10.700 en 1881, on en compte 11,840 en 1891 ; le reste de la population de l'île a diminué de 900 âmes.

Les provinces qui se présentent aujourd'hui à notre examen sont les plus importantes de la Confédération : celle de *Québec*, qui forme le centre d'où rayonne la population française et catholique dans le reste du territoire; et celle d'*Ontario*, dont l'origine a été presque exclusivement anglaise et protestante.

PROVINCE DE QUÉBEC

Dans la province de Québec, la population française, très compacte et très bien organisée, déjouait d'avance toute visée abusive et toute tentative de supercherie ; aussi le recensement s'y est-il effectué avec régularité et exactitude; les quelques critiques qu'il pourrait susciter sont donc réellement négligeables, et nous pouvons nous borner à présenter ici le tableau général de sa progression :

	Population			Catholiques	Natifs	
Date	totale	canadienne	catholique	anglais	étrangers	d'Irlande
1881 . . .	1.359.027	1.071.581	1.170.718	99.137	90.052	27.379
1891 . . .	1.488.535	1.196.346	1.291.969	95.623	82.021	21.223
Gain . . .	129.508	124.765	121.251	»	»	»
Perte. . .	»	»	»	3.514	8.031	6.156

On aperçoit clairement ici la prédominance solide et persistante de l'élément français dans le développement de la province; il est vrai que son accroissement s'est un peu ralenti en 1891, mais dans les autres provinces, ce ralentissement est autrement grave : le progrès total s'est abaissé, dans Québec, de 14 0/0 à 11,50 0/0; mais dans Ontario, il est tombé de 19 0/0 à 9 0/0; dans la Nouvelle-Écosse, de 13,50 à 2,50 0/0; dans le Nouveau-Brunswick, le nombre des habitants a décru! C'est donc la province de Québec qui a le mieux soutenu la crise de cette fâcheuse décade.

PROVINCE D'ONTARIO

Cette province, qui est à l'ouest de la précédente, est essentiellement anglaise et protestante. Voici l'état comparé de ses trois derniers recensements :

	Population		Catholiques		Natifs		
Dates	totale	catholique	anglais	français	de Québec	d'Irlande	d'Angleterre et d'Écosse
1871 . . .	1.620 851	274.162	198.779	75.383	40.476	153.000	214.869
1881 . . .	1.926.922	320.839	219.695	101.194	50.407	130.094	221.304
1891 . . .	2.112.989	358.300	257.177	101.123	58.772	103.986	221.458
Gain sur 1881	186.067	37.461	37.482	»	8.365	»	»
Perte sur 1881	»	»	»	71	»	26.108	154

Les traits saillants de ce recensement se présentent ainsi :

1° La réduction extraordinaire de la population ontarienne, dans son accroissement, qui n'est que de 9 0/0, au lieu de la progression habituelle de 18 et 20 0/0 par décade;

2° La stagnation anormale de la population canadienne en Ontario : depuis 40 ans, elle s'accroissait de 25.000 âmes par décade, elle a encore reçu 18.000 immigrants français depuis 1881, dit M. Johnson lui-même; or, non seulement elle paraît ne plus s'accroître, mais elle perd 71 âmes en 1891;

3° La décroissance de plus en plus grave de l'immigration irlandaise, qui a diminué graduellement de 33 0/0 depuis 20 ans (153.000 *natifs d'Irlande* en 1871, et 103.000 en 1891) ;

4° La progression subite et inexplicable des catholiques anglais dont la stagnation est proverbiale, et qui, malgré la décroissance des Irlandais, ont augmenté de 17 0/0 en 1891.

Si on se contentait de constater ces faits bizarres et contradictoires, il faudrait en conclure qu'il existe un jeu appelé *statistique*, assez semblable à la partie de *qui-perd-gagne ;* de telle façon que moins on recevrait d'immigrants, plus on s'accroîtrait en nombre! Mais, bien que l'on prétende que nos sociétés modernes contiennent beaucoup plus de toqués qu'autrefois, l'absurde n'a pas encore acquis une telle autorité parmi nous, que l'on puisse accepter de telles aberrations comme des renseignements sérieux. On soupçonne aussitôt que, sous cette apparente réalité, on a fabriqué, par quelques secrètes manœuvres, un état de choses artificiel qui illusionne passagèrement les esprits, comme chez le prestidigitateur Robert-Houdin.

Déjà nous avons signalé quelque chose de semblable, dans les provinces maritimes, et nous allons ici mettre de suite le lecteur en garde contre un procédé très ingénieux mais peu honnête, fort employé en Ontario; c'est un système de statistique par déversement, opéré par le moyen de la colonne *Others*, et que nous allons décrire. C'est dans les fascicules qui ont préparé le dénombrement que nous avons surpris le jeu de ce mécanisme, lequel, dans le recensement apparent, reste dans l'ombre toujours comme chez Robert-Houdin; et le nom même n'en est pas prononcé :

Le classement des nationalités s'est opéré, en 1891, de la manière suivante : on a établi pour base du classement une colonne dans laquelle on inscrit les gens qui ne parlent pas l'anglais. Cette base est assez singulière, peut-être, mais nous verrons tout à l'heure pourquoi on l'a choisie. Après avoir éliminé, par tous les moyens que les règlements nouveaux fournissent, à l'arbitraire des recenseurs, tous ceux dont l'anglais est réputé la langue maternelle, on classe dans cette colonne principale tous ceux qui ont été acceptés comme étant *not speaking english*. Quant à tous les autres, s'ils ne font pas de réclamations, ils sont inscrits dans une colonne collective et anonyme, sous le terme commun de *Others* (les autres).

Là ils sont de nouveau remaniés, afin de dresser la série des religions; sans bruit, sans étiquette, sans que le public s'en doute, il s'établit, par la force des choses, une section nouvelle qui englobe tous les catholiques réputés comme *speaking english*, et qui n'ont pas réclamé contre ce classement tacite. La collection spéciale des catholiques anglais n'est point inscrite en effet, mais ceux qui étudient le recensement sont conduits bien vite à la dégager et à la mettre en évidence; on la trouve alors singulièrement gonflée par les Canadiens qui ont été illusionnés, trompés et entraînés; elle comprend tous les résidus de l'insouciance, de la négligence, de l'absence, etc., etc., qui ne réclament jamais.

Les recenseurs n'ont pas créé de la sorte un classement raisonnable ; mais ils ont combiné une agglomération artificielle ; aussi, qu'est-il arrivé ? En maint endroit le nombre des catholiques anglais, en 1891, a été si démésurément grossi, tellement disproportionné, avec les recensements précédents, et avec la situation présente, que le doute s'est éveillé immédiatement dans les esprits ; il a été très facile alors de se rendre compte des impossibilités dans lesquelles se trouvait acculé ce système de combinaisons imaginaires.

Bien plus, dès que ces méchantes ruses ont été dévoilées, elles ont fourni des indices révélateurs très compromettants pour la véracité du *census;* partout où l'on trouvait un accroissement considérable et inattendu de catholiques anglais, on a présumé aussitôt qu'il s'était opéré, en ce lieu, un déversement de catholiques français que l'on avait fait passer pour des Anglais ; on cherchait ! et ceux qui étaient au courant de l'histoire et des mœurs de ces populations immigrantes, découvraient presque toujours et assez vite la réalité. De là les réclamations du Nouveau-Brunswick. C'est ainsi que les subtilités frauduleuses se trahissent par l'excès même de leur ingéniosité.

Joignez à ces investigations les plaintes et les réclamations qui surgissaient dans le pays lui-même, les relations des journaux, les correspondances privées, les actes publics, et toutes les fraudes se découvrirent peu à peu ; sans avoir besoin de refaire le recensement, tout le monde put reconnaître qu'il était faux. Voici ce que l'honorable M. Tassé a pu dire, en 1892, au Parlement canadien sans être démenti :

> A quel homme sérieux fera-t-on croire que la population française d'Ontario, loin d'avoir augmenté dans la dernière décade, a diminué de 71 âmes ? A moins que tous les dénombrements antérieurs ne soient faux, il est impossible qu'il en soit ainsi. En 1851, il y avait 27.424 Canadiens-Français dans Ontario ; 35.676 en 1861 ; — 75.833 en 1871 ; — 102.743 en 1881.
>
> Nous constatons donc ici, au contraire, une pénétration régulière et toujours croissante des Canadiens-Français dans cette province, à tel point qu'il ne s'y trouve pas aujourd'hui un seul comté où on ne rencontre un groupe français.
>
> ... C'est un fait indiscutable que l'augmentation de la population catholique dans la puissance est due principalement à la progression de la race française..... En calculant sur le croît des catholiques dans l'Ontario, nous devrions y gagner au moins 25.000 âmes, bien loin d'y perdre... Honorables messieurs, la race au nom de laquelle j'élève la voix ne demande ni faveur ni privilège ; tout ce que nous voulons, c'est justice et franc jeu.

« Aux faits avancés par le sénateur Tassé, dit M. Reclus, nous ajouterons que la paroisse canadienne récemment créée pour Toronto et sa banlieue du comté d'York, qui n'était qu'embryonnaire en 1881, compte maintenant plus de 4.000 âmes. De nulle part, pendant ces dix ans, ils n'est venu la nouvelle que des Canadiens aient quitté le pays; au contraire, ils arrivent journellement en grand nombre, principalement le long de la ligne du Pacifique et de ses embranchements ».

Dans l'Ontario, comme dans les provinces maritimes, nous voyons donc, qu'en 1891, le bureau central du recensement a été, dès l'origine, soupçonné et même accusé d'avoir altéré son œuvre, soit par des suggestions propres à préparer les déclarations, soit dans le classement et l'interprétation des déclarations elles-mêmes.

Il convient donc, maintenant, de chercher dans le détail même des dénombrements la preuve de cette malveillance que l'ensemble fait présumer tout d'abord.

Cette province d'Ontario présente 4 groupes principaux, où se développe la population française, puis 2 groupes moindres fort isolés de tous les autres. Le tout ensemble contient 26 comtés et 4 cités. Le 1er groupe et le plus important, est situé sur la frontière Est de la province, et se répand sur 10 comtés et 3 cités. Le 2e groupe est établi au centre du pays, sur 6 comtés et 1 cité; son centre est à Hastings. Le 3e, au Nord, dans le pays de Nipissing et de Simcoë, se répand sur 3 comtés. Le 4e a son centre sur la rivière de Détroit d'où il rayonne dans 5 comtés. Enfin, le 5e, tout à fait au Nord, ne se répand que dans le comté d'Algoma et le 6e a pour siège la ville de Toronto et le comté d'York qui l'entoure. Le reste de la province comprend 23 comtés et 3 cités qui ne renferment que des Canadiens très dispersés ou en fort petit nombre.

Les 5 comtés, et les 2 cités, qui forment les premiers articles du tableau ci-après prêtent peu à la critique; la progression des Canadiens a été si rapide et si considérable dans cette contrée depuis 30 ans, qu'elle ne pouvait être ni contestée, ni sérieusement amoindrie. Peut-être pourrait-on déterminer quelques rectifications assez minces, dont l'ensemble s'éléverait à peine à 7 ou 800 âmes, mais la discussion multiple de ces détails entraînerait des longueurs et des ennuis, qui en dépasseraient le profit.

PREMIER GROUPE DES CANADIENS-FRANÇAIS A L'EST.

Recensements comparés de 1881 et 1891.

Comtés.	Catholiques		Canadiens-Français		Natifs en 1891	
—	1881	1891	1881	1891	De Québec	d'Irlande
Glengarry	11.758	12.464	4.188	5.574	3.042	149
Stormont et Cornwall city.	8.044	10.579	4.189	5.614	2.856	634
Prescott.	16.895	18.534	14.601	16.250	5.935	405
Russell.	13.255	18.478	9.622	14.101	6.601	1.232
Carleton	6.839	6.852	1.668	2.484	1.891	1.563
Ottawa city.	15.901	21.189	9.834	12.790	9.170	2.336
Leeds, Grenville et Brockville city . .	11.267	11.402	2.551	1.149	993	4.127
Lanark.	6.096	7.332	855	504	617	2.310
Dundas.	2.473	2.196	1.445	355	320	742
Renfrew	14.246	18.175	5.240	4.167	2.931	2.443
TOTAUX. . . .	106.774	127.202	54.193	62.996	34.356	15.841

Les comtés qui forment la 2e section de ce 1er groupe demandent à être contrôlés avec beaucoup plus d'attention; nous tenons particulièrement à étudier les comtés de Dundas, Leeds, Grenville, Lanark, ainsi que la cité de Brockville, tous agglomérés en arrière des précédents; nous y trouverons, tout en rectifiant d'importantes erreurs, des enseignements très propres à contrôler les rencontres, les mélanges, voire même les discussions, entre les populations si variées, qui s'établissent dans la Confédération. Nous terminerons enfin par l'étude du vaste comté de Renfrew, situé au Nord de la capitale fédérale.

Comtés de Dundas. — Leeds. — Grenville. — Lanark et cité de Brockville. — Le comté de Dundas occupe entre tous les autres une place à part : il a eu en effet l'heureuse chance pendant 40 ans d'être traité par ses recenseurs, sans parti pris, et avec beaucoup de justice; selon que les familles canadiennes croissaient ou faiblissaient, on l'exposait dans les recensements; c'est ainsi que sans effort, sans secousse, sans tracasser les gens, en abandonnant chaque famille aux traditions conservées de son origine, on consignait les résultats vrais, du mouvement de la population.

Dans le reste de cette section : Leeds, Grenville, etc., etc., il s'est trouvé au contraire des esprits chagrins et sectaires, qui dans tous les recensements s'efforçaient de gêner l'essor de la population canadienne, et d'amoindrir s'il y avait lieu la manifestation de ses progrès. Manœuvrant les esprits, interprétant les déclarations et même les fraudant quelquefois, ils y mettaient un acharnement si aveugle, que leurs supercheries se contrariaient souvent d'un recensement à l'autre.

De là des résultats bien différents : en 1851, Dundas ne contenait que 231 Canadiens; dans ces comtés, qui l'entourent, on en comptait 1.167 de fort ancienne date; 30 ans après, les 231 Canadiens étaient devenus 1.445, tandis que dans les comtés voisins, il ne s'en trouvait encore que 3.386. Ils avaient reçu cependant les uns et les autres, (nou- l'avons vérifié), une quantité d'immigrants français relativement semblable; ces Français avaient les mêmes mœurs, les mêmes traditions, la même natalité, ils auraient donc dû bénéficier d'un même accroissement. Mais aujourd'hui les divergences dans les recensements indiquent non 'pas les variations réelles du mouvement de la population, mais bien plutôt la diversité des points de vue, des procédés et des classifications, mis en œuvre par les recenseurs, aux dépens des recensés. Le dénombrement de 1891, nous en fournit une preuve d'autant plus convaincante qu'elle n'a point été calculée par ses rédacteurs.

A cette époque, le bureau central a poussé les commissions locales vers un amoindrissement systématique de la progression canadienne : Dundas se trouva donc subitement, en 1891, placé sous le même régime d'inexactitude, que nous signalons dans les comtés qui l'entourent. Aussitôt tout y fut changé comme par un coup de théâtre ; nous avons constaté comment les Canadiens français y avaient atteint péniblement, après 30 ans d'efforts, le chiffre de 1.445 : ils furent ramenés à 355, et par un mouvement de bascule, les catholiques anglais qui ne recevaient plus d'immigration irlandaise, et qui diminuaient d'année en année, se trouvèrent tout à coup surélevés de 1.033 à 1.841 ; il est inutile de demander d'où provenait cet accroissement extraordinaire de catholiques Anglais.

Mais les recenseurs ont complété la fourberie par le ridicule, ils ont inscrit dans le même dénombrement, qu'il y avait dans ce comté 295 natifs de la province de Québec; or, s'il n'y existe que 355 Français en tout, que sont devenus les enfants de ces hommes que nous avons trouvés établis et prospérant depuis 40 ans dans le comté de Dundas? Il ne restait donc plus que 60 de leurs descendants !

Nous avons indiqué plus haut comment les Français de Leeds, Grenville, Lanark et Brockville, qui bordent Dundas, avaient vu dans chaque recensement, la malveillance publique inscrire sur les registres une partie de leurs descendants, comme étant d'origine anglaise. En 1881, ils auraient dû être plus de 6.000, et on n'en a compté que 3.396. On aurait donc pu croire, qu'il serait désormais impossible de rogner sur leur nombre en 1891; mais rien ne peut échapper à l'influence néfaste du Bureau central des dénombrements; et sur 18.434 catholiques inscrits en 1891, on ne retrouve que 1.853 catholiques français. Cependant, on constate en même temps qu'il se rencontre dans ces 4 comtés, 1.610 natifs de la province de Québec; il n'y en avait que 1.400 en 1881! Il est donc avéré: que la proportion des naissances canadiennes est supérieure à celle des Anglo-Saxons; et que les immigrants Canadiens s'accroissent d'année en année dans cette région; mais néanmoins il semblerait que plus il se produit de Canadiens, moins on trouve de Français dans les recensements!

Quant aux catholiques anglais, ils ont la chance toute contraire; moins il vient d'immigrants Irlandais, moins leurs familles sont chargées d'enfants, plus ils s'accroissent : de 1861 à 1891, les natifs d'Irlande ont perdu graduellement 3.000 âmes; et cependant, de 1881 à 1891, les catholiques anglais se sont accrus tout d'un coup de 2.800 âmes, soit 20 0/0. C'est surtout à Brockville et dans le comté de Lanark que se fabriquent ces prodigieuses statistiques.

Il devient donc absolument nécessaire de rectifier un dénombrement si extraordinaire, et voici les règles, dont nous conseillons d'user pour asseoir une critique rectificative de ces erreurs : 1° il faut tenir un grand état du cens de 1881, qui est le dernier recensement régulier dressé au Canada; 2° on doit consulter avec soin, en les comparant avec le recensement personnel, les recensements de religion, et ceux de l'immigration; 3° lorsque le recensement de 1881 présente une série logique de concordances, avec les recensements antérieurs, on doit même considérer qu'il acquiert une autorité spéciale, qui constitue une présomption légitime d'erreur, contre le recensement de 1891.

L'espace ne nous permet pas d'entrer dans de plus longs détails, mais en étudiant d'autre part la progression si considérable des Canadiens dans les comtés voisins depuis 20 ans, et l'influence qu'ils ont exercée autour d'eux, nous avons acquis la conviction que l'on devait évaluer à 1.750 le nombre des Canadiens d'origine française fixés en 1891 dans le comté de Dundas, et à 6.000 le nombre de ceux qui résidaient dans Leeds, Lanark, Brockville, etc.

Comté de Renfrew. — C'est par ce comté que nous terminerons l'étude du groupe canadien de l'Est-Ontario. Situé sur le cours septentrional de l'Ottawa, les premiers établissements y furent anglais; en 1851, on y comptait déjà 9.415 habitants, dont 231 Français seulement. Le progrès de ces derniers devint alors plus rapide, et en 1871 sur 11.059 Catholiques, on trouvait déjà 2.882 Français; puis en 1881 : 40.125 habitants, dont 5.240 Français; mais en 1891, les recenseurs se sont efforcés, là comme partout ailleurs, de réduire autant que possible le nombre des Canadiens, dans les documents publics; et malgré une immigration canadienne considérable et persistante, ils n'ont inscrit que 4.167 catholiques français.

Malheureusement pour eux, la diminution considérable de l'immigration anglaise, comparée avec l'affluence soutenue de l'immigration de Québec, a infligé un démenti authentique à leurs appréciations : en 1881, on avait trouvé dans le comté de Renfrew, 4.987 natifs d'Angleterre et 3.181 natifs de la province de Québec; or, en 1891, les premiers se sont trouvés réduits à 3.965, tandis que les seconds se maintenaient à 2.927. L'immigration anglaise a donc subi une diminution de 21 0/0, et celle des Canadiens une de 8 0/0 seulement; et nous sommes dûment autorisés à prétendre : que non seulement les Français ont conservé le même nombre qu'en 1881, c'est-à-dire 5.240, mais que par leurs immigrants et la puissance de leur natalité, ils ont participé très fortement, à la progression générale du comté, dans lequel ils figurent aujourd'hui pour 7.500 âmes. Les relations que nous avons reçues du pays lui-même et le remarquable mémoire de M. Tassé, ne laissent aucun doute à cet égard.

DEUXIÈME GROUPE FRANÇAIS (AU CENTRE) DISTRICT DE HASTINGS

Ce sont les Canadiens trafiquants de fourrures qui ont créé dans cette région les premiers postes autour desquels les Anglais se groupèrent plus tard. Les missionnaires, qui venaient visiter ces postes, attirèrent aussi l'immigration irlandaise catholique, et c'est de là que vient le nombre relativement considérable des catholiques de cette région qui s'appelait alors le *Middle Land.* Une grande partie des Français primitifs est toujours restée attachée à ses traditions et même à sa langue ; ils ont été soutenus dans leurs sentiments, et accrus dans leur nombre par un courant d'immigration canadienne, qui s'y maintient toujours, bien que Johnson prétende le contraire; car on y trouve encore aujourd'hui 2.539 natifs de la province de Québec.

Ce groupe se ramifie sur six comtés : *Hastings*, *Peterborough*, *Northumberland*, *Lennox*, *Addington* et *Prince-Édouard*. En 1851, ces six comtés contenaient déjà 122.450 habitants, dont 22.350 catholiques, sur lesquels 2.663 étaient Canadiens français. En 1871, sur 31.162 catholiques on comptait 6.677 Canadiens dont 2.670 natifs de la province de Québec, détail qui nous montre la constante continuité de l'immigration. En 1881, nous avons constaté dans cette contrée 31.592 catholiques, et 7.490 Canadiens, parmi lesquels 2.879 natifs de Québec. Mais, en 1891, nous ne trouvons plus que 3.478 Canadiens en compte, sur 30.801 catholiques; nous reconnaissons facilement ici la main néfaste des recenseurs de cette époque.

Bien que nos malheureux compatriotes aient été depuis 40 ans victimes de beaucoup de tracasseries mesquines; bien qu'ils aient été exposés à chaque recensement à beaucoup de déperditions injustes ; ils s'accroissaient à vue d'œil; nous les avions trouvés 2.663 en 1851, nous les avions laissés 7.490 en 1881, ils auraient dû dépasser 10.000 âmes en 1891 : comment et pourquoi ont-ils subi au contraire cet énorme déchet de 180 0/0 sur l'effectif qu'ils auraient dû nous présenter ?

Comme ils n'ont éprouvé ni fléau, ni catastrophe, ni émigration extraordinaire, ce phénomène serait inexplicable, si nous ne cherchions pas à savoir ce que sont devenus les catholiques français disparus.

Pendant que ces derniers progressaient rapidement, les catholiques anglais de la contrée suivaient une marche inverse : de 29.900 en 1861, ils avaient graduellement décliné jusqu'à 24.108 en 1881; leur natalité en effet était médiocre, et l'immigration irlandaise s'amoindrissait de jour en jour. Les choses en étaient à ce point lorsque le recensement de 1891, qui enlevait aux Français plus de la moitié de leur contingent, attribua tout à coup aux catholiques anglais un accroissement inattendu et injustifiable de 14 0/0. Tels sont les merveilleux effets, d'un recensement bien manœuvré ! On avait versé au compte des Anglais, ce que l'on avait enlevé au compte des Canadiens français.

Cette histoire ressemble beaucoup à celle des Canadiens de Leeds, de Lanark, etc., etc. ; nous l'avons décrite dans le 1er groupe ; elle se retrouve fréquemment dans l'Ontario. Partout où ces Canadiens sont isolés, inconnus, et dépourvus de prêtres français, ils ont rencontré la même malveillance locale, les mêmes subterfuges, les mêmes difficultés pour leur inscription comme Français. Cependant ils avaient profité de la tolérance précaire, mais légale, qui leur était laissée, et malgré tous les mécomptes, ils avaient silencieusement grandi de 1851 à 1891, lorsque ces dispersés ont été frappés tous à la fois d'une énorme diminution. Nos Canadiens du *Middle-land* sont donc réduits sur le papier au chiffre minime de 3.478 ; c'est un coup de force doublé de ruse ! Mais cela correspond-il à la réalité ? Aucunement ! On a créé des illusions qui flattent quelques politiciens, mais ces étiquettes ne changent ni les hommes ni les choses, et il reste toujours en cette contrée, 8.500 Canadiens qui progressent chaque année par leurs naissances, et par l'immigration qui leur vient de Québec.

3e GROUPE FRANÇAIS (NORD). COMTÉS DE SIMCOE, NIPISSING, MUSKOKA

Simcoë. — Ce comté est limitrophe des pays que nous venons d'étudier ; c'est en traversant le district de Hastings, que les Canadiens trafiquants de fourrures gagnaient le lac Huron, par le lac Simcoë, en aboutissant à la presqu'île de Tiny, où ils créèrent un poste important. Ils y dominèrent longtemps, et ce ne fut pas avant 1830, qu'ils y furent atteints sérieusement par l'immigration anglaise ; en 1830, on comptait déjà 2,300 habitants dans tout le comté. A partir de cette époque les Anglais progressèrent rapidement ; en 1871, sur 57,389 habitants, on trouva 8,754 catholiques, dont 3,024 Canadiens, presque tous cantonnés autour de leur poste de Tiny. En 1881, le comté de Simcoë contenait 11,188 catholiques et 3,886 Français ; ces derniers commençaient à se répandre hors de la presqu'île de Tiny ; 1,672 d'entre eux, 44 0/0, étaient natifs de la province de Québec. Cette petite tribu française a été, elle aussi, victime dans une certaine mesure, du recensement de 1891 : il est vrai que l'on n'a pas diminué leur nombre, mais on n'indique aucun accroissement ; on suppose, sans doute, que les familles de Tiny, où les naissances étaient si nombreuses, sont devenues stériles, et qu'on n'y voit plus d'enfants depuis dix ans.

Tel a été, en effet, le recensement de 1891 : population du comté, 84,828; catholiques, 12,750; catholiques français, 3,880; catholiques anglais, 8,870. Les catholiques français perdent 6 personnes, mais les catholiques anglais paraissent gagner 1,600 âmes. Cela est d'autant plus singulier que, en Simcoë, les immigrants irlandais ont diminué de 40 0/0 depuis 1871, et que la progression des Anglais a sensiblement faibli de 1881 à 1891; tandis que l'immigration de Québec augmentait au contraire. C'est donc toujours le même procédé !

Les catholiques anglais auraient seuls accru leur progression, quand elle faiblissait partout ailleurs dans le comté, alors même que l'immigration irlandaise, leur pourvoyeuse habituelle, décroissait rapidement d'année en année! Malheureusement, nous savons trop bien aujourd'hui ce que signifie un pareil symptôme : c'est l'indice très probable d'un prélèvement opéré au détriment des catholiques français. Nous avons donc étudié avec soin les paroisses où se remarquait la diminution de l'élément français, et toute espèce de doute a disparu de notre esprit. Il y a eu fraude, et le chiffre des catholiques français du comté de Simcoë doit être relevé à 4,500 âmes conformément au calcul de leur progression habituelle.

Comtés de Nipissing et de Muskoka. — Nipissing, à son extrémité N.-O., touche presque Tiny dont nous venons de parler. Tiny a été fondé, il y a près d'un siècle, par les coureurs de bois Canadiens; Nipissing a été colonisé tout récemment par les ouvriers canadiens, qui ont construit le chemin de fer du Pacifique qui traverse ces solitudes du nord. Le dénombrement de 1891 lui attribue 13,020 habitants, dont 8,371 sont catholiques, il est vrai que dans cet acte on ne répute Français que 4,347 de ces catholiques. Mais l'honorable M. Tassé a réfuté cette évaluation devant le Parlement d'Ottawa :

« Tout ceux qui résident, dit-il, dans l'est d'Ontario et surtout dans le Nipissing, sur le chemin de fer du Pacifique, savent qu'en 1881, c'était encore une solitude; tandis que l'on y a constaté, en 1891, l'existence de 8371 catholiques, dont les neuf dixièmes sont des Canadiens français. Tous ceux qui suivent la ligne du Pacifique peuvent contrôler mon témoignage. »

Il existait en effet, dans ce comté 3.562 natifs de la province de Québec en 1891 ; ce chiffre d'immigrants implique environ 6.000 Canadiens français ; mais à ces immigrants de date récente, il faudrait encore ajouter beaucoup de Canadiens établis en Nipissing depuis plus de 30 ans (il y en avait 900 en 1860); il en est venu aussi des des États-Unis et d'ailleurs, notamment sur la Matawan, ainsi que nous l'indiquent diverses correspondances locales, et les communications si intéressantes de notre savant ami Onésime Reclus. Ces informations confirment toutes les évaluations de M. Tassé.

Il ne peut se trouver d'ailleurs qu'un bien petit nombre de catholiques anglais, dans ce comté ou on ne rencontre que 268 natifs d'Irlande; ce serait s'aventurer beaucoup que d'évaluer à 600 le nombre des catholiques anglais dans cette contrée. Il resterait donc 7.771 catholiques pour représenter les Canadiens français établis dans le pays, et les quelques familles sauvages qui rodent autour de leurs paroisses.

Le comté de *Muskoka* est beaucoup moins fréquenté par les Canadiens; sur 26.515 habitants, il ne faut pas compter plus de 1.200 Français. Le résumé de tout ce groupe du nord nous offre donc au moins 4.400 Canadiens dans Simcoë, 7.000 dans Nipissing; et 1.000 dans Muskoka; ensemble : 12.400, susceptibles de recevoir un grand accroissement dans la présente décade.

QUATRIÈME GROUPE FRANÇAIS (OUEST)

COMTÉS D'ESSEX, KENT, LAMBTON, BOTHWELL, ELGIN.

Les Français avaient fondé en 1700, dans l'État actuel du Michigan, le poste si important de Détroit qui comptait déjà plus de 1.200 habitants en 1760. C'est un démembrement de cette colonie, qui ayant passé dans la presqu'île Ontarienne, a été l'origine du groupe français d'Essex. Ce groupe s'étend aujourd'hui sur cinq comtés de la province. Essex qui en fut le noyau primitif, puis Kent, Lambton, Bothwell et Elgin, qui devinrent successivement ses déversoirs.

En 1816, Mgr Plessis, évêque de Québec, y trouva 2.500 catholiques; le dénombrement de 1851 y constate 34.286 habitants, dont 10.537 catholiques; 6,692 d'entre eux étaient Canadiens. En 1881 on a compté dans les cinq comtés ci-dessus 21.300 Canadiens. On voit par ces détails comment ce groupe s'est perpétué jusqu'à nos jours, par une progression régulière.

Il eut cependant à subir en 1861, une assez rude épreuve : on avait inscrit au cens de 1851 : 6.692 Canadiens ; mais les recenseurs de 1861, non moins inexacts que ceux d'aujourd'hui, n'en inscrivirent que 5.309 ; en réalité ils étaient 9.500. Ces recenseurs félons agissaient comme les autruches, ils s'imaginaient avec ces petits subterfuges, dissimuler et faire reculer la progression des Canadiens. Qu'arriva-t-il cependant ? La vérité se fit jour en 1871 ; il se trouva alors 15.370 Canadiens ; on en fut étonné ! C'était tout simplement l'arriéré de 1861 qui reparaissait à la surface et qui dénonçait la sottise faite dix ans auparavant. L'effet produit sur l'opinion publique fut absolument inverse de celui que l'on avait espéré. Ainsi en arrivera-t-il, en 1901, il faut l'espérer, du census de 1891 !

Le tableau qui suit donnera une juste idée du développement de ce groupe canadien de l'Ouest, depuis 40 ans, et révélera en même temps les embarras que leur a suscités le dernier recensement.

Comtés	Population	1851	1861	1871	1881	1891
Essex . . .	Catholique . . .	7.669	10.240	13.955	19.101	21.322
	Canadienne. . .	5.424	3.706	10.539	14.658	14.001
Lambton .	Catholique . . .	1.119	2.963	3.467	3.781	3.849
	Canadienne. . .	369	13	887	826	234
Kent . . .	Catholique . . .	2.868	4.655	5.698	7.373	6.494
	Canadienne. . .	1.208	1.603	3.480	4.529	3.183
Bothwel. .	Catholique . . .	»	»	1.764	2.147	2.443
	Canadienne. . .	»	»	464	706	255
Elgin . . .	Catholique . . .	795	1.589	1.380	2.088	2.482
	Canadienne. . .	93	38	507	579	63
	Résumé des cinq comtés.					
Catholiques		12.451	19.447	26.264	34.490	36.590
Canadiens		7.094	5.360	15.877	21.298	17.736

Pour la première fois depuis 150 ans, la population canadienne de l'Essex a vu son accroissement s'interrompre ; les catholiques eux-mêmes, de ce comté, ont été atteints dans l'intensité de leur progression ; depuis 50 ans, ils augmentaient régulièrement de 28 à 30 0/0 tous les 10 ans ; cette augmentation est tombée à 6 0/0 en 1891.

D'où vient ce changement si subit et si considérable dans certaines classes de la population d'Essex ? Nous avons calculé qu'en se conformant aux formules de son accroissement moyen, le groupe tout entier de l'Ouest aurait dû, en 1891, présenter 27.000 Canadiens au lieu de 17.736, et 43.000 catholiques au lieu de 36.590.

D'où vient une telle déperdition? Nous ne connaissons aucune épidémie, aucune catastrophe, aucune crise qui puisse l'expliquer. On ne remarque pas d'émigration extraordinaire organisée vers l'Ouest; la population générale des cinq comtés n'en présente point de trace. Les Canadiens seuls auraient-ils donc souffert de ce désordre anormal et sans cause apparente?

Prenons, en effet, le comté d'Essex en particulier. Les protestants ont gagné, de 1881 à 1891, environ 6.000 âmes, soit 22 0/0, c'est-à-dire à peu près leur croissance habituelle; les catholiques ont gagné 11 0/0, un peu plus que le tiers de leur croissance ordinaire. Mais si nous décomposons les catholiques, nous trouvons que les catholiques anglais, qui n'étaient que 4.200 en 1881, sont 7.300 en 1891; ils gagnent ainsi 3.000 âmes (75 0/0), tandis que les catholiques français perdent, sur le *census*, 658, plus le bénéfice de leur accroissement naturel pendant 10 ans, soit environ 4.200; c'est-à-dire qu'ils perdent, rien que dans Essex, 4.858 âmes.

Si nous reprenons maintenant le compte du groupe tout entier, nous trouvons que les catholiques anglais sont 18.854 en 1891, avec un bénéfice de 5.662 ou 42 0/0 en 10 ans; les catholiques français, au contraire, perdent 2.562, plus le bénéfice de leur accroissement naturel, 6.400; ils sont donc en perte de 8.962, c'est-à-dire 42 0/0.

Il est donc surabondamment démontré que : 1° les catholiques français ont supporté seuls la charge de la déperdition.

2° Il n'y a pas eu, à proprement parler, beaucoup de déperdition de personnel, mais surtout un déversement de population.

3° Ce déversement a été opéré aux dépens des catholiques français et au profit des catholiques anglais.

4° Cette opération n'a pu être faite sans des manœuvres concertées d'avance pour préparer ce transvasement.

Nous voilà donc de nouveau en présence de ce fait singulier que nous retrouvons partout comme le caractère spécial du cens de 1891, à savoir la réduction du nombre des catholiques français, au moyen d'un déversement opéré à leur détriment pour accroître l'importance du contingent catholique anglais. Les soupçons les plus légitimes planent donc sur les recenseurs. Aussi les plaintes et les réclamations ont-elles été nombreuses dans les comtés intéressés.

Le Dr Casgrain, un des hommes les plus distingués du comté d'Essex, membre du Sénat fédéral, a publié que l'on avait transposé à sa connaissance, 1.713 personnes d'origine française, dans les listes d'origine anglaise, dans le nord du comté; dans le sud on a relevé minutieusement des fraudes qui dépassent 1.500 âmes; M. Tassé a établi en plein Parlement que les comtés d'Essex et de Kent étaient fraudés de plus de 4.000 âmes.

Tout le monde s'est étonné dans la contrée, de la stagnation des Canadiens, qui depuis 50 ans reçoivent tous les ans un nombre considérable d'immigrants Canadiens, et qui possèdent une natalité proverbiale; tandis que les Irlandais dont la natalité est médiocre, et dont l'immigration diminue d'année en année, paraissent s'être développés avec un essor tout à fait extraordinaire en 1891.

De nombreux détails viennent à l'appui des soupçons que l'on conçoit : on a remarqué que dans tous les endroits ou les Canadiens étaient assez nombreux, pour se faire représenter utilement dans les commissions de recensement, ils conservaient un certain accroissement, mais que partout où les commissaires anglais avaient la haute main, les Canadiens étaient réduits au delà de toute mesure, voire même qu'en certains lieux, il n'en restait aucun; ainsi à Amhersburg, où sur 2.672 habitants, on comptait 785 Canadiens en 1881, il n'en reste plus que 69 en 1891. Par contre, dans un centre tout français, à Belle-Rivière, où sur 556 habitants, on comptait 483 Canadiens en 1881, on en trouve 563 en 1891.

Nous pensons donc avec M. Tassé, et comme le Dr Casgrain, que dans les comtés d'Essex et de Kent, le recensement de 1891, enlève aux Canadiens 4.000 âmes et même davantage; cependant il serait difficile jusqu'à plus ample explication, de présumer plus de 16.500 Canadiens, dans Essex; le mouvement de la population française se complique ici d'une diminution inexpliquée dans la population catholique qui a besoin d'être éclaircie.

Le comté de Kent doit être augmenté de 1.000 âmes qui ont été indûment attribuées aux catholiques anglais, les Canadiens sont donc 4.183 dans ce comté. Quand aux 3 comtés de Lambton, Bothwell et Elgin, les Canadiens vu, leur petit nombre, y ont été plus maltraités que partout ailleurs; on ne leur a même pas reconnu autant de Français qu'il existe dans le pays d'immigrants venus de Québec; on y connaît 863 de ces immigrants, mais les recenseurs ne reconnaissent que

552 Canadiens ; on y comptait 2.130 Canadiens il y a 10 ans, il y en a certainement aujourd'hui au delà de ce chiffre.

Nous pensons donc que le total des Canadiens du district d'Essex n'est pas inférieur à 22.833, Sur ce chiffre il y a 3.493 natifs de la province de Québec.

COMTÉ D'ALGOMA

Il s'étend au nord de l'Ontario, depuis le comté de Nipissing, jusqu'à l'extrémité du lac Supérieur ; comme le Nipissing il est traversé dans toute sa longueur par le chemin de fer du Pacifique. En 1871 on y comptait 7.018 habitants, tant Indiens qu'Européens ; 1.035 étaient Canadiens, et les autres presque tous sauvages ; il y avait 3.326 catholiques. — En 1881 : 20.320 habitants, dont 5.786 catholiques, qui se subdivisaient en 724 Anglais, 1.562 Français, et 3.500 sauvages. — En 1891 : 41.856 habitants, dont 10.907 catholiques ; parmi ces derniers le recensement ne signale que 3.386 Canadiens et 4.500 sauvages ; y aurait-il donc dans cette contrée 3.021 Anglais catholiques, et seulement 3.386 Canadiens ? Les Irlandais cependant étaient tous de nouvelle venue, et on n'y trouvait que 1.182 natifs d'Irlande.

Toutes proportions gardées, on aurait dû rencontrer 4.800 catholiques français et à peine 15 ou 1.600 catholiques anglais, car les immigrations irlandaises sont fort restreintes au nord du Canada, et tous les Irlandais ne sont pas catholiques, tandis que la suite des événements nous montre tous les jours quelle activité la construction du chemin de fer du Pacifique avait imprimé à l'immigration canadienne dans ces parages. Le mouvement continue encore aujourd'hui, il est fort probable que le dénombrement de 1900 trouvera dans l'Algoma 7 ou 8.000 Canadiens ; mais en attendant nous considérons comme certain qu'il ne s'y trouvait pas, en 1891, moins de 4.800 catholiques français.

TORONTO

Le recensement de 1871 releva à Toronto et dans le comté d'York, 1.184 Canadiens français ; en 1881 ils atteignirent le chiffre de 2.140 ; on remarquait déjà la croissance rapide des Canadiens de Toronto, à tel point que l'archevêque de cette ville en fut frappé et consentit, il y a quelques années, à ériger une paroisse française spéciale, en faveur des habitants français de Toronto et du comté d'York qui l'entoure.

Depuis lors, on a constaté sur les registres de l'immigration, que 3.716 natifs de la province de Québec étaient établis dans Toronto et dans York ; or, si l'on tient un juste compte des naissances survenues depuis 20 ans, parmi ces immigrants ; si l'on y ajoute les Canadiens arrivés dans ce pays, des États-Unis ou des districts français d'Ontario, on ne peut pas estimer à moins de 5.000, et peut-être 5.500, le nombre des habitants de cette nouvelle paroisse canadienne.

Il est vrai que les recenseurs de 1893, dont nous connaissons si bien la « sagacité, les vertus et aussi l'opiniâtreté », ont déclaré que les Canadiens avaient diminué dans ces quartiers et qu'ils n'avaient pu dénombrer dans York et Toronto que 1.116 Canadiens ; mais cette prétention ridicule, de vouloir à tout prix réduire le nombre des Canadiens, ne peut ici tenir debout, devant les évaluations de Mgr de Toronto, corroborées par le registre des immigrants. Si réellement les Canadiens se fussent trouvés dans une telle voie de décroissance, il n'est pas probable que le prélat eût choisi ce moment pour déclarer que l'augmentation persistante des Canadiens nécessitait l'érection d'une paroisse. En pareille matière, les évêques anglais sont plus portés vers la réserve que vers la précipitation. Maintenant, la paroisse canadienne est creée, elle fonctionne, elle se développe depuis une demi-douzaine d'années, et compte aujourd'hui bien au delà de cinq mille âmes.

CANADIENS DISPERSÉS

Il nous reste maintenant à parler de 23 comtés qui ne sont annexés à aucun des groupes étudiés ci-dessus, non plus que les trois cités de *London*, *Hamilton* et *Kingston*. Ces 26 circonscriptions comprenaient en 1891, à l'état très dispersé, 12.711 Canadiens ; mais le census de 1891 a singulièrement réduit ce nombre, comme partout ailleurs, et même beaucoup plus qu'ailleurs ; la réduction a été ici des trois quarts, nous n'y comptons plus que 3.108 Canadiens.

Il est bien évident qu'il s'est produit là une fraude considérable, favorisée par la grande dispersion de nos compatriotes ; nous avons cherché à en déterminer l'importance de la manière suivante : il existe évidemment une relation très étroite entre l'immigration de la province de Québec et le nombre des Canadiens dispersés dans ces comtés épars ; or, nous avons trouvé que mille immigrants dans une décade, correspondaient en moyenne à 1.500 habitants nouveaux au bout de la décade. Or, les 26 circonscriptions qui nous occupent présentaient en 1891, 6.409 natifs de la province de Québec; il y a donc à constater, d'abord, un faux matériel de plus de 3.000 personnes, puisque le registre des immigrants constate, dans ces mêmes comtés, la présence de 6.409 natifs de la province de Québec, alors que le recensement de 1891 n'estime que 3.108 Canadiens ; il est en outre nécessaire d'ajouter 2 à 3.000 âmes pour tenir compte de la postérité née dans le pays dans ces familles immigrantes ; on ne peut donc pas évaluer, à moins de 9.000 âmes, le nombre des Canadiens français d'origine, qui résidaient en 1891 dans ces divers comtés.

Nous nous arrêterons sur cette observation et nous terminerons cette étude sur la province d'Ontario, en résumant l'évaluation des catholiques français *(Canadiens)* qui nous paraissent avoir été indûment détournés dans l'Ontario, pour être reportés au compte des catholiques anglais.

ONTARIO. ÉTAT DE LA POPULATION

rectifiant le recensement officiel de 1891, d'après MM. O. Reclus et E. Rameau.

	1er groupe. (Est)	2e gr. (Centre)	3e gr. (Nord)	4e gr. (Ouest)	Algoma	Toronto et York	Comtés épars	Totaux
Population totale. .	295.785	189.724	124.363	209.838	41.856	241.312	1.011.361	2.112.989
Catholiques	127.201	30.801	24.976	36.590	10.907	29.988	»	358.300
— Français . .	62.996	3.478	9.320	17.736	3.386	1.116	3.108	101.123
— — rectifiés.	73.563	8 500	12.400	22.883	4.800	5.000	9.000	136.146

On peut considérer désormais que, sur 358.300 catholiques en Ontario, il y en a 136.146 d'origine française (c'est-à-dire Canadiens), et seulement 222.154 d'origine anglaise.

En 1881 on y avait compté 101.194 catholiques d'origine française, et 219.645 d'origine anglaise. Cette disparate n'a rien d'étonnant, puisqu'il ne vient plus d'immigrants irlandais, et que M. Johnson confesse lui-même qu'il est venu 18.000 immigrants de Québec s'établir en Ontario dans la dernière décade.

Ainsi donc, dans l'Ontario comme dans les provinces maritimes, l'examen détaillé et scrupuleux de la population démontre d'une façon péremptoire que l'élément canadien-français n'a pas cessé de croître dans des proportions toujours plus fortes que l'élément anglo-saxon qui se soutenait surtout par l'immigration. Vienne celle-ci à disparaître en grande partie, l'on se rendra facilement compte de la vitalité supérieure des Canadiens.

L'Ontario est borné de tous côtés par des lacs immenses, résidus attardés d'une sorte de Méditerranée dont l'issue principale ne se dirigeait point autrefois vers le seul golfe Saint-Laurent. Ce fleuve tel qu'il court, aujourd'hui, n'est probablement qu'une conséquence de la commotion souterraine et très étendue qui a produit les écroulements du Saguenay, dont les suites auront déterminé, sans doute, la violente rupture de cette énorme brèche, que domine la citadelle de Québec.

Alors émergea la presqu'île d'Ontario; les lacs qui l'entourent représentent les cavités profondes de l'ancienne Méditerranée; mais loin, bien loin de nos lacs actuels, la vieille mer était plate, et ses eaux sans épaisseur; elle découvrit, en s'écoulant, de grandes surfaces planes et vaseuses, entre les Montagnes Rocheuses et le réservoir vaste et creux du lac Supérieur. Les vases sous-marines ayant été mises à sec, sont devenues ces prairies sans arbres, mais d'une fécondité merveilleuse, qui ont été longtemps le domaine partagé entre la compagnie d'Hudson, qui prélevait les fourrures, et les Indiens sauvages, possesseurs primitifs du sol, qui en exploitaient les chasses. Mais la haute souveraineté de cette contrée sans bornes appartenait à l'Angleterre, qui en ouvrit les portes à la colonisation il y a 20 ans; depuis lors, à 80 lieues au N.-O. du lac Supérieur, il s'est formé une nouvelle province, le Manitoba, qui compte déjà 152.000 âmes.

En 1870, avant la colonisation, on n'y trouvait, en dehors des sauvages, que 12.228 habitants domiciliés, dont 15 à 1.600 de race européenne pure; tous les autres étaient des métis, dont moitié d'origine française et moitié d'origine écossaise. De 1871 à 1881, la population s'éleva à 65.954 âmes; 53.708 étaient protestants et 12.246 catholiques; parmi ces derniers, 9.949 étaient Français. En 1891, le recensement indique 152.506 habitants; en voici la distribution détaillée, comté par comté :

Comtés	Habitants	Catholiques	Catholiques Français	Natifs d'Irlande	Natifs de Québec	Natifs d'Ontario
Selkirk.	53.226	3.198	1.271	1.433	1.685	20.198
Winnipeg. . . .	25.639	2.470	507	1.225	1.146	7.242
Provencher. . .	15.469	8.900	8.286	193	3.262	1.663
Lisgar	22.103	4.017	668	450	780	2.847
Marquette. . . .	36.069	1.986	370	1.252	622	14.670
Totaux. . .	152.506	20.571	11.102	4.553	7.555	46.620

Ces développements successifs du Manitoba ne laissent pas d'étonner le lecteur. On peut se demander d'une part pourquoi la population totale en 1881 s'est accrue de 550 0/0, tandis que la population catholique ne s'accroissait que de 120 0/0? Puis, d'autre part, comment se fait-il que cette section catholique de la population ait progressé en 1891 de 70 0/0, tandis que les Français colons primitifs de la contrée, ne gagnaient que 12 0/0?

On répond facilement à la première demande : Les courants d'immigration qui arrivèrent tout d'abord vinrent de l'Angleterre, de l'Écosse et surtout de la province voisine d'Ontario : total, 26.000 immigrants dès le principe, tous Anglais et presque tous protestants; on attira de Russie 5 à 6.000 Mennonites, et il vint encore dans les années suivantes un grand nombre de protestants; mais l'Irlande et la province de Québec envoyèrent à peine 6.000 émigrants catholiques; c'est ainsi que la population du Manitoba, qui pendant 50 ans était restée moitié protestante, moitié catholique, offrit, au recensement de 1881, 54.000 protestants et 12.000 catholiques seulement.

Mais, en 1891, la question ne se pose pas dans les mêmes termes; les catholiques se sont accrus à peu près comme les autres habitants; c'est la distribution des catholiques entre eux qui prête ici le flanc à la critique : L'ensemble de la province a progressé de 130 0/0, l'ensemble des catholiques a progressé de 90 0/0, or les catholiques français, pris à part n'ont gagné que 12 0/0 ! Ce résultat est d'autant plus bizarre que, de 1881 à 1891, ils avaient bénéficié d'une forte natalité, et qu'ils reçurent alors de la province de Québec, des États-Unis et même de la France des renforts très considérables d'immigrants français. Cependant, malgré ce grand apport, les Canadiens, évalués à 9.949 en 1881, qui réellement étaient alors près de 11.000 et qui auraient dû être en 1891 au moins 17.000, n'auraient donc progressé que d'une manière insignifiante?

On a perdu, il est vrai, 2.000 métis français qui se sont reportés en arrière, sur le territoire de la Saskatchewan; mais combien est-il venu d'immigrants français, combien est-il né d'enfants? Encore faudrait-il retrouver plus de onze mille Français dans le Manitoba!

Par contre, le recensement annonce 9.500 catholiques anglais. D'où peuvent-ils venir? il n'y avait pas 50 catholiques anglais dans tout le Manitoba en 1870; on en suppose 2.300 dans le recensement de 1881, mais en réalité il n'y en avait pas 1.000 ; il est ensuite venu 2.553 immigrants irlandais, dont la moitié peut-être n'étaient pas catholiques ; tout cela, joint aux naissances, a pu fournir plus ou moins, 2.500 catholiques anglais ; mais nous voilà bien loin du chiffre prétendu de 9.500. D'où seraient donc venus les 7.000 Irlandais qui seraient nécessaires pour en fournir la justification ?

Nous nous trouvons donc en présence d'un phénomène très extraordinaire, mais il ne nous est pas inconnu ; nous l'avons rencontré souvent dans l'étude du recensement de 1891 ; il y a eu là un déversement de Canadiens français au profit des Anglais par l'intermédiaire de la colonne *Others*. Voici sous quelle forme ce transvasement s'est opéré ici.

Il y a cinq circonscriptions dans le Manitoba : Provencher, Winnipeg, Lisgar. Selkirk et Marquette. Le plus grand nombre des Français étaient établis et groupés dans le comté de Provencher, autour de Saint-Boniface, où réside l'archevêque, Mgr Taché, et où se trouvent tous les établissements qu'il a créés. En 1881, il s'y trouvait 4.714 Français, sur 11.000 habitants. On a laissé ce comté parfaitement intact sans le remanier, et, en 1891, les recenseurs ont constaté avec une scrupuleuse exactitude qu'il s'y trouvait 8.900 Français , la population s'était accrue, en 10 ans, de 92 0/0.

Mais dans les quatre autres circonscriptions où les Canadiens étaient moins nombreux et surtout moins bien groupés, on a suivi une tout autre méthode : on a choisi tous ceux que l'on a jugé à propos d'inscrire dans la colonne des *French Speaking*, et tout le reste a été rejeté dans la colonne indéterminée et confuse des *Others*. Voici quel fut le résultat : on avait relevé en 1881, dans ces quatre comtés, 4.772 Français ; en 1891, il n'en restait plus que 2.816 ; ils avaient cependant reçu, durant la décade, plus de 1.800 immigrants français, leurs familles avaient vu naître de nombreux enfants ! N'importe ! non seulement ils n'avaient point augmenté de nombre, mais les recenseurs opiniâtres les avaient réduits de 50 0/0 sur les constatations de 1881. Voilà comment on a reconnu d'une part que dans le comté de Provencher, les Canadiens s'étaient augmentés de 92 0/0, tandis que l'on déclarait que dans tous les autres comtés ils avaient perdu 50 0/0.

Nous nous trouvons encore ici en présence d'un procédé que nous avons signalé à diverses reprises dans l'Ontario, le Nouveau-Brunswick et la Nouvelle-Écosse ; l'agence centrale recommandait partout de respecter et ménager les Canadiens, partout où ils se montraient nombreux et bien groupés ; partout ailleurs ils donnaient à leurs zélateurs le droit d'éliminer ou de transformer à volonté les immigrants canadiens.

Il est bien plus facile de supprimer par petits paquets de 20, de 30 et même de 50 ; puis s'il s'élève quelque réclamation, M. Johnson ou tout autre proteste contre toute fâcheuse interprétation, il parle de son esprit de justice. Voyez, dit-il, la rigueur de notre impartialité, et il cite la province de Québec, les rectifications du Nouveau-Brunswick et le comté de Provencher.

Enfin le témoignage de l'archevêque de Saint Boniface vient mettre le sceau à ces démonstrations. Mgr Taché reconnaît, et il l'a dit à plusieurs étrangers de distinction qui l'ont visité, que les catholiques français avaient été fraudés, dans le recensement, de plus de 6.000 âmes, et que, d'après le rapport de ses prêtres, les catholiques anglais atteignaient à peine le chiffre de 3.000 dans son diocèse. Il en résulterait donc que les Français, déjà abaissés au-dessous de leur nombre réel en 1881 — ils étaient certainement à cette époque entre 10.500 et 11.000, — devaient au moins s'élever à 17.500 en 1891 ; cette évaluation, qui concorde assez exactement avec les considérations que nous avons exposées ci-dessus, me parait la plus conforme à la réalité. Le comté où le nombre des catholiques français a été le plus gravement altéré est celui de Lisgar au nord de Winnipeg ; le recensement lui attribue 4.017 catholiques en 1891, sur lesquels il ne signale que 668 Canadiens, or Lisgar contient depuis dix ans deux grandes paroisses canadiennes, qui comptaient en 1881 plus de deux mille Français : Saint-François Xavier du Cheval blanc et Saint-Laurent, sur le lac Manitoba ; au lieu d'inscrire ces habitants dans Lisgar comme Français, on les a enregistrés en 1891 comme 2.500 catholiques prétendus anglais ; or il est bon que l'on sache qu'en 1881 il ne s'y trouvait pas 250 catholiques anglais et qu'en 1891 il n'y avait dans tout le comté de Lisgar que 450 natifs d'Irlande, dont un tiers n'était pas catholique. Quelle confiance pourrait-on accorder à de pareils recensements !

En réalité, le fonds principal de la population française de ces paroisses se compose de métis que l'on fait passer comme sauvages, et que les recenseurs n'inscrivent comme Français que si cela leur plaît. Quant aux catholiques anglais de Manitoba, il y en a 1.500 à Winnipeg, 7 à 800 dans le comté de Selkirk et 600 dispersés çà et là dans le reste du pays ; soit en tout 3.000 au maximum.

A l'ouest du Manitoba s'étendent des Territoires plus ou moins organisés, entre les limites de la province et les Montagnes Rocheuses. Dans ces Territoires du Nord-Ouest, en 1881, on avait constaté 3.100 catholiques et 2.660 Français, dont 128 natifs de la province de Québec et de France, plus 1.450 natifs du Manitoba.

En 1891, sur une population totale de 66.799 âmes, on a constate 13.008 catholiques dont 1.815 étaient natifs de Québec, 187 natifs de France, et 3.560 du Manitoba. Il y existait aussi 1.814 natifs d'Irlande, mais un tiers d'entre eux étaient des protestants.

Or parmi tous les habitants de ces Territoires, on n'a admis comme Français, en 1891, que 1.543 personnes, mais il est probable que, dans ces contrées comme au Manitoba, beaucoup de Français ont été réputés Anglais, et que de plus un grand nombre de métis natifs du Manitoba, bien que Français d'origine et de langage, ont été classés comme sauvages par la vertu de la colonne *Others*.

Mais nous évaluons qu'en 1891 il existait environ 5.000 habitants français qualifiés, domiciliés dans l'ensemble de ces Territoires, dont 2.000 à prendre dans les métis natifs du Manitoba, et émigrés dans les Territoires, comme nous l'avons déjà signalé en parlant de cette province.

Onésime Reclus a publié de très curieux détails, dans les *Nouvelles géographiques* de février et d'août 1893 (1), sur l'immigration française dans l'Ouest Américain. Nous avons étudié ces articles avec soin, et ils donnent une grande autorité aux évaluations que nous donnons ci-dessus. Il pense que le Manitoba comptait, en 1881, 17.054 Français ; il considère comme un chiffre absolument fantaisiste les 1.543 Français que le recensement attribue aux Territoires du Nord-Ouest ; il pense comme nous que les nombreux métis français du Manitoba, qui ont émigré vers la Saskatchewan, ont été englobés, ainsi que les métis écossais de lord Selkirk, dans une masse indistincte de nationalités

(1) Librairie Hachette, à Paris.

diverses, afin de faire disparaître leur connexité d'origine avec les Français canadiens. Il estime au nombre de 4.486 les Français des Territoires de l'Ouest en 1891 ; si notre évaluation s'élève jusqu'à 5.000, c'est, qu'en 1881, nous nous en sommes assurés sur des données précises, il existait dans les Territoires 2.122 natifs : de la province de Québec, de France, Belgique, etc., lesquels, joints aux métis français émigrés du Manitoba dans les Territoires, aux enfants de tous les immigrés nés de 1881 à 1891, et aux Français venus des États-Unis formaient un total qui devait même dépasser 5.000 âmes. Dans les *Revues* citées plus haut, Reclus entre dans des détails très intéressants sur la natalité des Français dans ces contrées de l'Ouest, lesquels semblent présager un développement considérable pour le prochain recensement.

Nous pouvons donc conclure qne lors du recensement de 1891, il se trouvait 17.500 catholiques français dans le Manitoba et 5.000 dans les Territoires de l'Ouest. Le comté de Provencher contient à lui seul près de la moitié des Français du Manitoba. Le recensement dans cette circonscription a été assez exact, de sorte qu'au prochain dénombrement ce comté devrait s'accroître relativement moins que les autres.

S'il ne survient aucune circonstance grave, Provencher pourra compter 12.000 Français au prochain recensement ; tandis que dans les comtés de Lisgar et de Selkirk, que les recenseurs ont fraudé de la manière la plus abusive, ainsi que la ville de Winnipeg, les 2.446 Français recensés en 1891 pourraient très bien se transformer en onze ou douze mille âmes, si le recensement est opéré par des hommes sincères, exacts et intelligents. Quant au comté de Marquette, N.-O. du Manitoba, les Canadiens auront peut-être de la peine à y atteindre 2.000 âmes.

Le recensement actuel ne portait donc pour cette province que 11.102 Français ; nous les évaluons à 17.500 âmes ; et nous présumons qu'ils seront environ 26.000 en 1901. D'autre part, il n'attribue aux Territoires que 1.543 Français ; nous en comptons 5.000 dont la majeure partie sont dans l'Alberta, où Mgr Grandin est évêque, et dans la Saskatchewan. Nous présumons enfin que ce nombre pourra s'élever en 1901 jusqu'à 7 ou 9.000 âmes, selon que les métis français montreront plus ou moins de stabilité dans les conditions usuelles de leur vie.

Dans toutes ces évaluations nous ne tenons aucun compte des missions purement sauvages.

CONCLUSION

Si nous résumons maintenant dans une courte formule les rectifications que nous venons d'exposer, nous trouvons que le recensement de 1891, *sauf la Colombie britannique*, dont nous ne parlons pas, constatait dans la confédération un total de 1.970.098 catholiques : savoir 556.585 attribués aux Anglais et 1.413.566 aux Français. Nous avons rectifié ces attributions en élevant le nombre de ces derniers à 1.473.222 et réduit l'évaluation des Anglais catholiques à 496.876.

Nous avons en même temps compendieusement exposé les raisons et la justification de ces changements.

Le résultat de ces opérations nous a montré que l'affaiblissement, systématique en quelque sorte, de la progression française, n'était cependant nulle part le résultat d'une crise, d'une catastrophe, pas même d'une émigration; on n'y voit aucune trace d'intervention du gouvernement anglais ou canadien; On ne peut même pas dire qu'une préoccupation sectairienne s'y manifeste; car les catholiques pris dans leur ensemble, ont conservé l'allure normale de leur développement habituel.

Il s'agit simplement d'un changement d'étiquette dans la distribution relative des catholiques anglais et des catholiques français; ce sont les agents du recensement qui paraissent en être exclusivement responsables; si en quelques endroits rares, on entrevoit l'intention de réduire le nombre des catholiques, c'est une exception. Les altérations de la vérité se sont généralement produites par le déversement des recensés français, de la liste française dans la liste anglaise. Pourquoi certains Français ont-ils été habillés en Anglais? Se sont-ils subitement transformés par hasard? ou, par le résultat de leur réflexions, ont-ils réclamé ce changement? Ils prétendent que non! et les recherches que nous avons faites nous ont amené à signaler que la plupart ont été inscrits comme Anglais, les uns par subterfuge, les autres par une pression plus ou moins accentuée, avant ou pendant le recensement.

Il n'est donc point étonnant que cette opération ait suscité les plaintes et les réclamations, dont nous avons reconnu l'exactitude. La conclusion définitive de notre enquête a été de restituer au contingent français 63.458 personnes, dont 59.656 catholiques plus 4.000 Acadiens non catholiques établis sur les côtes de l'est de la Nouvelle-Écosse. Cette rectification a relevé le nombre total des Français de la confédération en 1891, à 1.477.222 au lieu de 1.420.000, que portait le dénombrement officiel. La progression des Français pendant la décade de 1881, à 1891 a donc été de 13,70 0/0, ce qui correspond à peu près au chiffre ordinaire de leur croissance. Comme l'ensemble de la population du Canada s'est augmenté dans le même temps de 490.000 âmes ou 10 0/0, il en résulte que les Français pris à part se sont accrus de 13,70 0/0, et les Anglo-Saxons également pris à part, de 9 0/0 seulement. La diminution d'accroissement est donc énorme pour ces derniers, car certaines provinces anglaises comme l'Ontario, atteignaient, depuis 30 ou 40 ans, une moyenne d'accroissement qui dépassait 20 0/0; dans plusieurs comtés anglais on a même décru au lieu de croître, en 1891. C'est même là une des causes qui ont amené les fraudes ; on était désireux de masquer dans l'ensemble la dépression des populations anglaises et on espérait y parvenir par des virements opérés au détriment des populations françaises; mais nous avons coupé court à cette manœuvre, en restituant chacun à son origine naturelle. Ce travail a naturellement déterminé une réduction dans le nombre des catholiques anglais, parmi lesquels on avait placé les Canadiens sommairement transformés en Anglo-Saxons.

Cette transformation, qui avait accru de 67.000 âmes le nombre de ces derniers, faisait supposer à leur profit une augmentation de 14 0/0 de 1881 à 1891; augmentation fort extraordinaire pour des groupes qui ne bénéficient habituellement que de 1 0/0 tous les dix ans! En restituant tous ces catholiques aux 6 divers groupes des Canadiens français, tous les calculs échafaudés par les recenseurs s'écroulaient : au lieu de 555.333 âmes, on ne retrouvait plus que 496.000 catholiques anglais dans la confédération canadienne (sauf la Colombie); leur progression retombait de 67.000 âmes à moins de sept mille, et ils ne trouvaient plus qu'un faible boni de 1,50 0/0 entre 1881 et 1891.

On comprend maintenant toute la portée des injustices que commettaient les recenseurs; en abaissant démesurément la progression réelle des Canadiens, ils leur faisaient supporter une partie de la dépression que les circonstances avaient imposée à la population anglaise, et chacun pouvait dire : l'accroissement français a subi une réduction considérable, mais c'est un malheur du temps, tout le monde a été frappé, c'est une crise générale.

D'autre part, en faisant bénéficier les Anglais catholiques, de tous les catholiques enlevés aux Français, on pouvait prétendre que ces derniers s'amoindrissaient, tandis que le développement des premiers se fortifiait de jour en jour, etc., etc.

Quant aux rectifications que nous avons opérées, on peut apprécier maintenant quelle était leur importance et leur utilité; mais on peut juger en même temps comme elles ont été conduites avec équité et circonspection; car leur effet définitif a été de ramener précisément les paroisses catholiques anglaises, à la progression normale que leur assigne leur natalité depuis 40 ans ; tandis que la progression extraordinaire dont les recenseurs les avaient imprudemment gratifiés, a fourni par son excès même les indices révélateurs des injustices commises, et les plus fortes preuves pour en établir l'origine. Ces observations sur l'état de quasi-stagnation des paroisses anglo-catholiques étaient utiles à signaler, pour faire apprécier à sa juste valeur l'importance exagérée que l'on attribue généralement à l'Irlande sur le développement du catholicisme en Amérique. On ne saurait croire combien est lente la progression des paroisses irlandaises, quand cesse l'immigration qui les a peuplées; (au moins dans le Canada). A partir de 1861, époque où s'est arrêtée la plus grosse impulsion du grand exode irlandais, jusqu'au cens de 1891, les Anglais catholiques du Nouveau-Brunswick, de la Nouvelle-Écosse et de l'Ontario, manifestent à peine une augmentation très faible par décade; la Nouvelle-Écosse seule tranche un peu sur la masse, et fournit presque seule l'augmentation. De 1861 à 1891, les catholiques anglais de l'Ontario ont vu constamment leur accroissement se réduire malgré l'immigration irlandaise, ceux du Nouveau-Brunswick ont décru de plus de 3.000 âmes depuis 1871.

L'ensemble des catholiques anglais, ou réputés tels dans toute la confédération, sauf la Colombie Britannique, était évalué dans le recensement de 1891 à 555.333 âmes; par suite des rectifications que nous avons signalées, ce chiffre est réduit aujourd'hui à 496.876! Or, en 1861, on comptait 459.000 catholiques anglais. Telle est la lenteur de leur progression. Les catholiques anglais, soutenus par l'immigration irlandaise se sont accrus de 8 0/0 en 30 ans, tandis que les catholiques français sans immigration française, s'accroissaient de 37 0/0 dans la Confédération !

Nous ne saurions quitter cette critique du recensement de 1891, sans faire connaître la pitoyable fin des justifications que M. Johnson, l'agent général du recensement, avait paru entreprendre, sur un ton un peu hautain et dédaigneux d'abord, mais qui se sont terminées avec platitude, dans des excuses ridicules.

Se voyant poussé à bout par des réclamations auxquelles il ne pouvait répondre, il a inséré dans un avant-propos, en achevant la publication du *Census*, les explications que voici :

« Ces accusations de fraude sont, dit-il, parfaitement inexactes, tout le monde sait que de nombreux immigrants sont venus de Québec en Ontario, dans les comtés limitrophes; aussi en a-t-on tenu compte largement; tandis que, dans les pays éloignés, les groupes canadiens, n'étant plus recrutés par Québec, s'étiolent et sont absorbés par les Anglo-Saxons. »

Cette phrase l'accuse plus qu'elle ne le justifie; car il semble que ce soit lui qui ait indiqué aux recenseurs les circonstances dont *on doit tenir compte*, dans les évaluations des groupes recensés; mais ce qui est plus grave, c'est qu'elle montre qu'il ignore ou fait semblant d'ignorer l'état réel de l'immigration française dans Ontario : cette immigration n'a jamais cessé de recruter les différents groupes français qui se trouvent dans cette province. En 1861, on y trouvait 33.287 natifs de la province de Québec — 43.406 en 1871 — 50.407 en 1881 — 58.772 en 1891. Cette immigration a-t-elle cessé de se porter dans les groupes français très éloignés, où les Français *s'étiolent*, dit-il, parce qu'ils ne *sont plus recrutés ?* Rien n'est plus inexact. Les deux comtés les plus éloignés de la frontière de Québec, sont *Essex* et *Kent*, or ce district est un de ceux où l'on trouve le plus grand nombre de natifs de la province de Québec: sur 20.000 Français, il y a 3.400 natifs de la province de Québec.

On peut en dire autant du district de Hastings, de la presqu'île de Tiny et de plusieurs autres cantons fort éloignés des Canadiens-Français, enveloppés par des populations anglaises, qui sont restées Français, et qui se développent depuis 50 ans, également conservés et soutenus par une immigration canadienne qui ne s'est jamais interrompue; si bien que M. Tassé a pu dire en plein parlement, sans être démenti, qu'il n'y avait pas un comté en Ontario où ne se soit installé un ou plusieurs groupes français.

Cette réponse, où M. Johnson cherche à partager le différend en distinguant entre les groupes canadiens qui prospèrent et ceux qui s'étiolent, est donc insuffisante; c'est pourquoi il a eu recours un peu plus loin dans sa préface, avec embarras et mauvaise grâce aux explications qui suivent :

« On a essayé de découvrir au moyen de ces colonnes, le nombre » de « Canadiens-Français » et d' « Acadiens-Français » dans les diver- » ses provinces du Canada. On a prétendu, cependant, avec beaucoup » d'apparence de raison, que la colonne intitulée « Canadiens-Fran- » çais » n'établit pas le nombre de personnes d'origine française en » Canada, et que, dans les cas des Acadiens des Provinces maritimes, » et des métis du Manitoba et des Territoires du Nord-Ouest, la ques- » tion avait été mal comprise, et que dans la province d'Ontario, » pour diverses causes, plusieurs personnes d'origine canadienne-fran- » çaise n'ont pas été énumérées comme telles.

» Il est fait mention de ce fait, afin que ceux qui se serviront des » résultats publiés ne soient pas mis sous une fausse impression en » supposant que le nombre de personnes d'origine canadienne-fran- » çaise a été donné avec précision, ou que les augmentations ou » diminutions réelles sont telles que semblerait le démontrer un rap- » prochement avec le recensement précédent. »

Cette préface ressemble fort à un aveu d'inexactitude ! Triste aveu qui s'embarrasse dans des explications troubles et des excuses déplorables. C'est le digne complément du récit fantastique des fléaux qui auraient décimé les Acadiens de la Nouvelle-Écosse, il y a sept ou huit ans. Reclus couvrit alors d'un ridicule mérité l'imagination maladive de ce pauvre M. Johnson; mais aujourd'hui, il devient inutile de poursuivre plus longtemps une pareille discussion. *Habemus confitentem reum.*

Il ne faudrait point cependant que l'on fût exposé à voir une semblable comédie se reproduire au prochain recensement; il serait même désirable de voir un homme plus capable, plus sérieux et plus sincère placé à la tête d'une telle entreprise. Pourquoi ne pas prévoir dès maintenant les précautions, qu'il conviendra de prendre alors, pour que l'honnêteté du recensement fût surveillée, contrôlée et protégée par le public canadien lui-même? Sans nous étendre ici dans des détails qui ne peuvent être convenablement déterminés que par les habitants du pays, nous nous permettrons de rappeler, que le Canada possède une société, je dirais presque une institution, très propre à rendre en de telles circonstances les plus éminents et les plus utiles services.

Ses relations étendues et les nombreux correspondants qui sont à sa disposition, lorsque les intérêts de la patrie canadienne sont en jeu, lui donnent une autorité réelle, que rehausse encore la sympathie générale qui l'entoure dans l'Amérique du Nord. Je ne pense pas être indiscret en parlant d'elle en cette circonstance, puisqu'elle m'a fait l'honneur de m'admettre dans son sein, en me nommant il y a six ans son président honoraire.

Il s'agit de la société de *Saint-Jean-Baptiste* qui a été fondée il y a plus de 60 ans, pour relier tous les groupes canadiens, dans le but de soutenir, conserver et développer la nationalité française en Amérique. Je ne doute pas que le président, l'honorable M. David, qui veut bien m'accorder quelque amitié, ne comprenne et n'apprécie l'idée que je suggère aujourd'hui. Rien ne saurait être plus conforme à l'esprit de la société de Saint-Jean-Baptiste, que de se consacrer tous les dix ans, à fomenter le recensement, et à surveiller les opérations des commissions de recensement. L'accroissement des Canadiens et sa juste constatation, constituent en effet la force vitale de leur nationalité.

Voilà bien des années que M. David consacre tout son temps et tous ses soins à réorganiser et à fortifier cette belle institution; il vient de construire pour elle à Montréal un monument qui puisse lui servir de centre matériel; ne serait-ce point pour M. David couronner son œuvre que d'attribuer à la société de Saint-Jean-Baptiste, le droit de surveiller, au nom des Canadiens-Français, l'enregistrement de leurs progrès?

Nous n'entrerons ici dans aucuns détails d'exécution, qui nous conduiraient beaucoup trop loin; mais je tiens à faire observer que je ne veux rien proposer qui, de près ou de loin, puisse entraîner la société en dehors de la sphère ordinaire de son action. Aucun intérêt personnel, aucun intérêt commercial, aucune visée politique, ne doit entrer, je le sais, dans ses préoccupations (et rien n'est plus raisonnable), si l'on veut lui conserver son prestige traditionnel et son autorité morale.

Ajoutons même que la politique surtout doit être rigoureusement tenue à l'écart; à notre époque, en effet, plus qu'à toute autre, surabondent les charlatans du commerce et les ambitieux déclassés de la politique, enfiévrés par l'intérêt personnel; les ambitieux n'ont jamais craint d'accaparer les choses les plus utiles à la généralité des citoyens, pour s'en faire un marchepied à leur usage particulier.

Certes, rien de pareil ne peut entrer dans notre esprit; mais il faut se garder contre ce risque; n'avons-nous pas vu tout récemment, sous prétexte de politique, soulever dans la province de Québec, sur le sujet si délicat de l'instruction publique, des discussions acerbes, dont le moindre défaut était de provoquer une admiration très discutable pour le régime scolaire des Yankees. On recommandait aux Canadiens, avec une grande chaleur, ces universités étrangères et leurs collèges, et l'on critiquait sans mesure les maisons d'éducation de leur pays. Tout le monde sait cependant que, si l'instruction primaire est très répandue aux États-Unis, l'instruction secondaire et supérieure y laissent beaucoup à désirer. Les maîtres y disposent certainement d'un savoir relativement suffisant; mais ils manquent d'ordre et de méthode dans leur enseignement; quant au travail des élèves, il est absolument abandonné au désordre et au décousu de la fantaisie personnelle et de l'impression du moment. Je ne sache aucun pays civilisé où le savoir apparent soit plus commun, et où l'instruction sérieuse, approfondie, soit plus rare. En aucun pays, non plus, je n'ai vu les professions libérales occupées par autant de médiocrités; nulle part on ne trouve un tel flot de charlatans et d'intrigants fort ignorants; mais ils sont doués d'un aplomb superbe, et font croire aux nigauds qui lisent leurs annonces que des vessies sont des lanternes.

Est-ce la faute des professeurs qui enseignent, ou la faute des élèves qui étudient? Nous craignons d'élucider cette question; mais nous savons personnellement que les diplômes yankees représentent la valeur de l'argent que l'on a payé, et non pas la valeur des étudiants qui l'ont versé.

Nous pouvons affirmer, au contraire, et sans chercher à flatter les Canadiens, que leurs universités sont plus sérieuses et leurs enseignements plus féconds; par la seule supériorité des méthodes d'enseignement, les maîtres l'emportent notablement sur les professeurs yankees; ils habituent dès l'abord leurs élèves à classer leurs idées, à disposer leur avail avec ordre et clarté, ce que l'on n'apprend guère dans les collèges des États. Lorsque ces jeunes gens se sont assouplis à la discipline du travail, ils ont appris à travailler utilement : ils sont donc devenus des hommes, et c'est là le but principal que doit se proposer tout professeur intelligent.

Voilà les leçons qui forment des hommes sérieux, et non pas d'ingénieux personnages, dont l'esprit vagabond est dépourvu de savoir réel, mais très bien pourvu d'un savoir-faire imperturbable.

Est-ce donc bien la peine que des Canadiens, admirateurs malheureux de leurs voisins plus riches, aillent débiter de si ardentes paroles et diviser leurs compatriotes, en cherchant à les dégoûter d'une éducation rationnelle qui leur donne une intelligence robuste, pour leur persuader d'imiter des universités qui dotent les esprits, d'une subtilité malingre, et d'une science bâtarde.

Mais revenons à notre recensement : ce dénombrement si ridicule de 1891, dont nous venons de faire l'analyse critique, nous a obligé à établir une comparaison entre la valeur intellectuelle de M. Johnson et celle de son prédécesseur, M. Taché, dont les beaux travaux sont connus et appréciés par tous les économistes. Nous prions les Canadiens de se reporter à cette comparaison ; et, s'ils sont ensuite très désireux que l'on fabrique avec leurs enfants des petits Johnsons, ils n'ont qu'à les expédier dans les collèges du Massachusetts.

Résumé général du recensement rectifié (sauf la Colombie britannique).

		Recensement officiel de 1891		Recensement rectifié	
Provinces	Population totale	Catholiques anglais	Catholiques français	Catholiques anglais	Catholiques français
—	—	—	—	—	—
Nouvelle-Ecosse . . .	450.396	92.614	29.838	82.746	39.706 (1)
Nouveau-Brunswick .	321.263	54.194	61.767	49.384	66.577
Ile Prince Edouard . .	109.078	35.990	11.847	35.900	11.847
Québec	1.488.535	95.623	1.196.346	95.623	1.196.346
Ontario	2.114.321	254.177	101.123	222.154	136.146
Manitoba.	152.506	9.949	11.102	2.971	17.600
Territoires du N.-O. .	66.799	11.468	1.543	8.008 (2)	5.000
Territoires inorganisés.	33.168				
	4.736.644	557.535	1.413.566	496.878	1.473.222

En définitive, il résulte de ce résumé que le recensement officiel ne porte que 1.413.566 Français, dans les provinces sus énoncées, tandis

(1) Nous ne notons que 39.706 catholiques français, mais il y a en outre 4.000 Français non catholiques au sud d'Halifax, dont le groupe principal est dans le comté de Lunebourg ; il y a donc en réalité 43.706 d'origine française.

(2) Nous portons ici 8.008, faute de pouvoir distinguer ce qu'il y a d'Anglais et ce qu'il y a d'Indiens.

que le recensement rectifié signale 1.473.222 Français catholiques, plus 4.000 Français d'origine, devenus protestants, au sud d'Halifax (Nouvelle-Écosse), par la négligence et l'apathie du clergé catholique anglais.

Il se trouvait donc réellement, en 1891, dans les dites provinces : 1.473.222 Français catholiques, et 4.000 Français d'origine mais protestants; au total: 1.477.222 Français d'origine. On avait arbitrairement supprimé 64.000 Français!

E. Rameau de Saint-Père,
Président honoraire de la société Saint-Jean-Baptiste (Canada).

P.-S. — Partout dans ce travail nous avons énoncé 1.196.346 Canadiens français dans la province de Québec, et nous avons établi nos calculs et nos appréciations en conséquence : c'est une erreur. Nous devons rétablir le chiffre vrai qui est de 1.186.346; mais cette erreur ne nous est pas imputable; elle est absolument le résultat de la rédaction vicieuse du recensement, lequel porte, dans le fascicule n° 11 consacré aux nationalités : 1.196.346 Canadiens français dans la province de Québec; puis le total définitif du recensement énonce 1.186.346. Plusieurs autres ont subi, comme nous, les conséquences de cette fâcheuse légèreté, notamment M. O. Reclus lui-même; nous prions les lecteurs d'en agréer nos excuses tardives et de tenir compte de cet avertissement, en rectifiant autant que possible dans les calculs qui en dérivent, les conséquences de cette erreur, qui est d'environ 1,9 0/0 en trop.

Ces variations contradictoires dans les évaluations, et dans les calculs, fourmillent dans le recensement de 1891; c'est la conséquence de l'intelligence médiocre de ses compilateurs. Dans la province de Québec, la population est évaluée (fascicule 4), à 1.489.062, mais l'État général ne porte que 1.488.535; — le nombre des Français dans la Confédération est établi dans un compte spécial (fascicule 11), à 1.415.090, puis dans l'État général on ne retrouve plus que 1.404.974; — etc. Enfin la population totale de la Confédération est successivement fixée à 4.829.411 (fascicule n° 1), à 4.800.511 (fascicule n° 9), et à 4.833.511 dans l'État général. Quelles sont les bonnes évaluations?

E. R.

IMPRIMERIE CHAIX, RUE BERGÈRE, 20, PARIS. — 4636-2-94. — (Encre Lorilleux).

www.ingramcontent.com/pod-product-compliance
Ingram Content Group UK Ltd.
Pitfield, Milton Keynes, MK11 3LW, UK
UKHW031954260826
14628UKWH00005B/2045